U0909728

说出你的重点

完美公关（攻关）陈述

〔美〕戴维·巴特莱特（David Bartlett） ◎著

余瀛波 ◎译

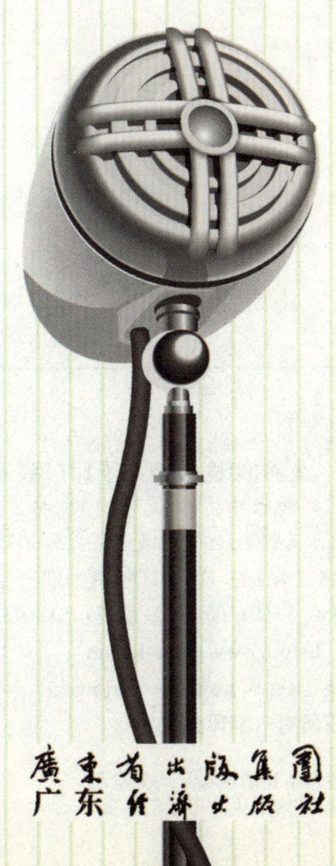

廣東省出版集團
广东经济出版社

图书在版编目(CIP)数据

说出你的重点 /〔美〕巴特莱特著；余瀛波译 — 广州：广东经济出版社，2010.6
ISBN 978-7-5454-0506-4

Ⅰ.①说… Ⅱ.①巴… ②余… Ⅲ.①语言艺术－通俗读物 Ⅳ.① H019-49

中国版本图书馆 CIP 数据核字 (2010) 第 104503 号

版权登记号 图字：19-2010-037 号

Making Your Point By David Bartlett

出版发行	广东经济出版社（广州市环市东路水荫路 11 号 11/12 楼）
经销	广东新华发行集团
印刷	深圳市鹰达印刷包装有限公司
开本	787 毫米 ×1092 毫米 1/16
印张	14 印张
字数	208 千字
版次	2010 年 9 月第 1 版
印次	2010 年 9 月第 1 次
书号	ISBN 978-7-5454-0506-4
定价	28.00 元

如发现印装质量有问题，影响阅读，请与承印厂联系调换。
发行部地址：广州市水荫路 11 号 11 楼
电话：(020)83780718 83790316 邮政编码：510075
邮购地址：广州市水荫路 11 号 11 楼直销部
电话：(020)37601950 37601509 邮政编码：510075
图书网站：**http://www.gebook.com**
广东经济出版社常年法律顾问：屠朝锋律师、刘红丽律师

说出你的重点

MAKING YOUR POINT

戴维·巴特莱特
和团队在一起

REPORTER'S AGENDA
(WHAT IS NEWS?)
IMPORTANT VS. NEWSWORTHY
• CONTROVERSIAL
STORIES

LISTEN
Pay ATTENTION
BELIEVE

戴维·巴特莱特
在讲课

Dear Chinese Readers:

I am very pleased that you will have the opportunity to benefit from these simple, powerful communications tools.

The techniques you will find in Making Your Point will help anyone from senior business executives to students communicate more effectively.

You are about to discover what thousands of readers around the world already know –that anyone can benefit from improved strategic communications skills.

Good luck!

David Bartlett

亲爱的中国读者：

我很荣幸你选择这本简单而实用的传播指南。

无论你是学生还是企业高管，书中的内容都将帮助你在信息传播中畅通无阻。

打开本书吧，你将和其他成千上万的读者一样，学习到策略性的传播技巧，受益无穷。

祝你好运！

戴维·巴特莱特

专家推荐序 I

杨思卓 

中央人民广播电台“思卓书坊”栏目主持
北京大学领导力研究中心副主任

用你的传播拨动心弦

信息时代，传播为王。如果谁不能引导舆论，谁就会被舆论引导，甚至会被舆论推倒。所以，美国白宫新闻部发言人吉布斯将自己的任务概括为 “用白宫的观点引导媒体”。而前中国国务院的新闻办公室主任赵启正则把这种传播总结为 :“向世界说明中国”。

可是，在现实生活中，传播问题总是频频出现：说而不明、传而不达、沟而不通。作为传播高手，戴维·巴特莱特对此感受颇深，他问道：为什么聪明而又口齿伶俐的人，也会感到在客户或同事面前完成一场简单的陈述很困难？为什么有那么多的人就算对自己所从事的领域了若指掌，也会觉得难以应付媒体采访？为什么那么多的人害怕在公众面前发表意见？……

是啊，这是为什么呢？多年来，我一直给领导干部做沟通能力训练，发现有两个原因：少数人是“我不想说”，多数人是“我不会说”。不会不要紧，传播大师巴特莱特教你说。这本书将教你掌握传播的精髓：有效的传播要做到言之有情、言之有物、言之有方。

言之有情。一个高明的琴师，“转轴拨弦三两声，未成曲调先有情”。巴特莱特认为，传播也是情在理先。有效的信息总是充满情感的，言之有理不如言之有情。如何有情？作者告诉我们：洞察现场情境，揣摩人性心理。要从听者的角度用情去触及他们的内心，锁住他们的注意力。

言之有物。在传播过程中，如何让大多数的人更易于理解和接受？巴特莱特告诉我们：明确具体的内容要比抽象的理论更有利于传播。在书中，他举了个例子，化工厂发生爆炸，受众最关心自己的生命会不会受到威胁。这个时候，如果只是空泛地表示“正在尽一切努力保护社区”，那就难以让人接受。而一旦传播中包括了具体的内容，例如“我们已派出 150 名消防队员前往一线，他们已经将火势控制在 A20 区，那里距最近的社区至少有一英里远”，那将会更容易让人接受。

言之有方。在日常生活中，相对于平铺直叙的语言来说，人们更喜欢生动活泼的语言。在这本书中，作者介绍的方法非常实用。比方说：

动感的词汇——大修而不是小改；起飞而不是起步；猛砍而不是刀削。

明喻——我们的经济就像行驶在海中的泰坦尼克号一样（危险）！

类推——否定北卡罗莱纳州的烟草津贴，就好比通知夏威夷不能再种植菠萝，好比让我们脚上穿着滑雪板跳天鹅湖，然后再抱怨我们的舞姿不够优美。

巴特莱特的方法具体而实用——如何正确使用 PPT、善用肢体语言、如何声情并茂地诵读文稿、让你的声音成为动人的音乐，等等。看来这传播之“播”，也是拨动之“拨”，传播就是拨动听众的心弦。

难者不会，会者不难。这本书以生动的事例告诉我们：掌握要领，抓住重点，传播其实很简单，拨动心弦并不难。鉴于此，我愿意向广大读者推荐这本大道至简的好书。

专家推荐序 II

孙路弘
营销销售专家
职业培训师

说话就是生产力

《说出你的重点》一书已经摆在了你的面前。当这本书摆在张悟本的面前时，不知道他作何感想？当这本书摆在外交部发言人的面前时，他们又会如何解读？当这本书在公司高管手里的时候，他们是否会联想到自己大会上发言的情景？

当这本书的文字跳跃在中国广大的公关人员及销售人员面前时，他们是否知道他们手里的不仅是一本书，而是一种武器，源自系统思考后的武器，是用西方逻辑思维武装起来的火力，是作者长达30年的思想沉淀出来的传播武器！为何？

2010年5月29日，张悟本打破多日的沉默，终于接受中央电视台《经济半小时》的独家专访。经过三个多小时的交谈，张悟本勉强同意在家人和律师的陪同下，回答四个问题。让我们看他回答的第一个问题。

记者问："有很多人说张悟本是神医，你怎么看？"张悟本回答道："世界上哪有神医啊，其实大家都看我就一个普通人。没有神医，一个没有神，我也不是医，首先要澄清这点。"

如果张悟本在回答央视记者问题时，能够读一下这本书就好了。其实，只要阅读第8章中"破解公关危机"就足够了。那么，他的回答将完全不同。

记者问题的核心并不是张悟本是否是神医！这根本不是问题的核

心！问题的核心是“很多人说”。只有很多人说才构成问题。沿着这个思路，再运用书中的智慧，就可以得到三个线索：第一，很多人都是谁？第二，他们是在什么情况下说的？第三，神医是什么意思？

如果能够想到这些线索，回答也就容易多了。

他应该这样回答：“如果是大众说的，那么重点不在于我是不是，而在于他们听信什么？他们这么说是受到了什么影响？是受谁的影响？而且，所谓的神医并没有学术上的界定。卫生部可以颁发养生专家的称号，但从来没有颁布什么神医的称号。况且神医仅仅是民间传说，而不是科学的界定。我的看法就是，我是不是神医并不重要，是不是也不是我自己说的，民心自有公论！”

回答对抗性问题的所有技巧都集中在挖掘问题的本质。记者的问题看起来是讨论张悟本是不是神医，但其本质确实通过这个问题来非难回答问题的人。在这种情况下，如果直接接下话题，怎么说都会损害自己。而问题的本质并没有被揭示出来。

张悟本对另外三个问题的回答也不明智。在本书中都有明确的提示和建议。所以，如果他拿到这本书，不知道是否会想到自己的回答确实并不明智。

遵从本书的详细建议，当众发表演讲的时候，你知道如何说出自己的关键信息；面对媒体采访时，你知道如何聪明回答记者提问；发生公关危机的时候，你知道如何发言，化解危机。只要你读懂了第1章，至少知道说话的核心重点就是事实，事实和事实。如果读懂了第2章，你就会经验暴涨，懂得了人性中最容易被打动的命门。就别说第3章了，那简直都是拿来就能派上用途的神兵利器、躲闪暗器、转换主题，致人心坎于无形等都是独家秘技。

说话就是生产力！说出重点就是核武器！欢迎你将阅读体验发到我的邮箱 yes4you@gmail.com ，我随时准备分享你的心得。

让这本《说出你的重点》助你“说”出灿烂的未来 ……

权威推荐

戴维·巴特莱特是当今美国最权威的传播领域专家之一。运用这部伟大的作品，无论你是面对一个人还是一群人，你都能达到更佳的传播效果。我诚挚地向每一个渴望成功的人推荐本书。

——罗杰·道森　畅销书《优势谈判》作者

戴维·巴特莱特深谙传播之道，无论你是向成千上万的人发表公开演讲，还是向办公室的同事传递信息，《说出你的重点》都是你最好的帮手。

——罗恩·内森　前美国白宫发言人

真是一本充满智慧的书，书中有许多精彩的真实案例。《说出你的重点》证明了我的老朋友戴维真不愧为传播领域的专家。

——鲍勃·伍德沃德　美国畅销书作家

戴维·巴特莱特用其非凡的才华写就了《说出你的重点》，书中的传播策略可用于所有的传播情境。如果你想迅速有效地传递你的信息，我建议你阅读本书。

——吉姆·博安农　美国知名脱口秀主持人

在以知识传播为王的信息时代，只有引领舆论的企业，方能在激烈的竞争中独占鳌头。《说出你的重点》教你如何利用每一次传播机会，有效化解每一场公关危机，本书值得你一读！

——李月庆　上海天翼图书有限公司总经理

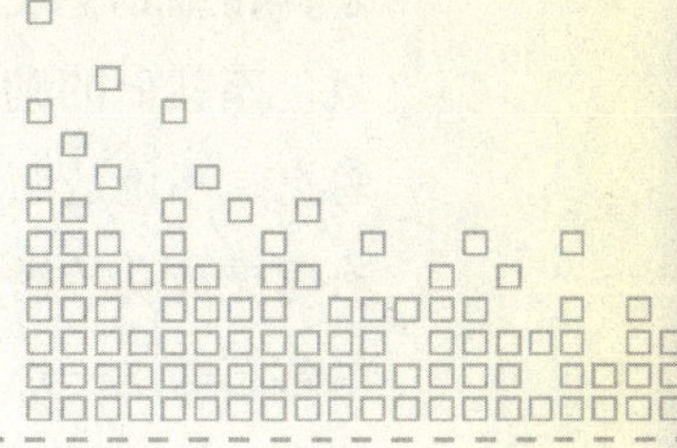

序言

按照词典上的定义，传播（或沟通）（communication）是指人与人之间的信息传递。虽然这意思看似简单，就像《铁窗喋血》（*Cool Hand Luke*）中那句经典台词所说的，人们经常陷入“我们的失败是因为沟通不畅”（What we have here is a failure to communicate.）的窘境中。其实，我们本不必陷入这份尴尬。

不论你是位高权重的CEO，是邮局里的实习生，是声名显赫的政治家还是普通的大学生，传播信息都是非常重要的。生活中的我们无时无刻不在传播信息——打电话、与同事或朋友会面、进行各种各样的陈述、有时甚至还要发表公开演讲或接受媒体采访。然而，大多数情况下我们仅仅是在收集、传递信息，提问或回答问题。我们经常想说服别人接受自己的观点或采取某个具体的行动。有时我们能够清晰有效地阐释自己的观点，但事情的发展往往不尽如人意。

为什么聪明而又口齿伶俐的人，也会感到在客户或同事面前完成一场简单的陈述很困难？

为什么有那么多的人就算对自己所从事的领域了若指掌，也会觉得难以应付媒体采访？

为什么那么多的人害怕在公众面前发表意见？

尽管人们普遍意识到有效传播对于生活和事业至关重要，但事实上，很少有人会花时间认真思索这些最基本的问题：如何传播信息？

怎样传播信息更有效？人们也很少会思考为什么有些传播方法行之有效，而其他的则不行。我们总是忽略日常生活中简单实用的传播技巧。总之，不论是面对餐桌对面的家人，还是面对上千名观众，我们总是没有考虑成功传播信息最重要的因素。有效传播是一个互动的过程，我们经常忘了这一点。而由于对信息的传播有着不同的期待，双方的立场可能也截然不同。

为了让一个处于叛逆期的孩子听话，父母们普遍会采用命令的方法，但所有父母都知道，这个办法几乎不可能奏效。也许仔细耐心地解释自己面临的商业困境比较符合逻辑，但即使是态度最谦逊、口才最出众的管理者也很难做到这一点。有效传播需要的不仅仅是事实结果。设想一下，也许他人会因为你的职位而对你唯命是从。但是，很快你就会发现，这种装腔作势的姿态除了让人感到厌烦和失望之外，没有其他任何效果。在某次会议或采访中，也许你认为用几句一成不变的话就能有效地应对所有的提问，但事实并非如此——这种讨巧之举从来都不是包治百病的"灵丹妙药"。唯一能让你避免"沟通不畅"的方法，就是真正理解和领会传播中的情感尺度，从而针对每一个具体的情境进行策略性地沟通。本书提供了具体有效的传播技巧，让你在人际沟通中顺畅无阻。

目前有很多关于传播信息的书：如何演讲、如何接受媒体采访，如何说服客户购买产品，如何说服他人采纳你的建议，等等。本书从有效传播的入门策略讲起，无论你是与人单独交谈、面对成百上千的观众发表演讲，还是接受某家权威媒体的采访，我们都应该首先着眼于三个最基本的传播问题：

> 怎样让听众集中注意力？
> 怎样让他们相信你说的话？
> 怎样让他们记住你的说话重点？

在本书中，我们还将着力探讨：在传播中，"情商"到底发挥多大的作用？为什么仅有事实很难说服他人？我们还会讲到古希腊哲学家亚里士多德如何洞见人类基本情感在传播过程中的重要性，这位先哲的智慧至今仍能解决大部分的传播难题。接着，我们还会探讨一些简单有效的传播技巧——每天，你都有机会将这些最基本的技巧付诸实践。

在现实生活中，虽然不是每个人都能得到媒体采访的机会，但是人际间的沟通陈述却是每个人都无法避免的。因此，为了让你的演讲和陈述更顺畅，我将介绍一些必备技巧。例如，怎样缓解公开演讲中的身心压力；怎样通过眼神交流和肢体语言吸引听众注意；怎样组织语言才能让你的演说和陈述取得最佳效果；怎样让你的语言听起来更舒服，让每个人都乐于接受，从而让你从容应对听众；怎样准备恰当的视觉教具，如何有效地利用肢体语言技巧和应对问答环节等。

当今的各种媒体——广播、电视、网络、博客、播客、在线视频共享网站和各类社交网络正经历着巨大的变化。本书将为你解析这些新闻媒介的作用，告诉你如何有效地利用它们提前制定传播策略，而不是让它们变成你的障碍。我们将向你逐一讲解如何应对采访，让采访者满意的同时取得有效的传播效果。我们还为你介绍各种可以“驾驭”采访的工具，让你不至于在问答丛林中晕头转向。我们还将关注一些特定情境的传播情形，例如，电台的脱口秀节目和紧张的电视采访。在本书，我们将教你如何应对各种危机公关中出现的传播难题。

本书缘起

在成为美国广播电视新闻主管协会（RTNDA）的主席之后，我发现这个组织存在一个很严重的问题。说来奇怪，多数职业协会经常会遇到人员过多、财务混乱或者会员发展方面的问题，而这个统领全国广播电视新闻组织的协会面临的问题却是：它的管理层几乎很少在其组织成员的媒体露面。这种“低调”的行为导致该组织在华盛顿的政策辩论中缺乏足够的影响力，当然也就无法给其会员乃至整个传媒行业有效的支持。

这都是由于美国广播电视新闻主管协会拒绝为政治候选人捐资的政策所引起的。很快，协会就发现在这个电子传媒业空前强势的时代，自己很尴尬地成了徒有虚名的“游说组织”（lobbying organization，为了某种特定利益而组成的，企图影响议会立法和政府决策的组织。——译者注），一个在国会和政府管理部门面前基本失声的“弱势群体”。作为这个“游说组织”的主席，我的影响力也微乎其微。除此之外，让我和协会其他的管理者都感到不解的是，我们这个对两党的政治家们都非常重要的组织却并未在政界产生多大影响，而这在很大程度上也影响了协会的前途和发展。由于对华盛顿利益集团“缺乏贡献”，失宠的美国广播电视新闻主管协会不得不在夹缝中寻求生存，在竞争中拯救自己。于是我们决定主动出击，让公众倾听我们的声音。最终我们在这场“为生存而战”的战争中取得了胜利。这段经历也让我真正见识了传播策略的巨大威力，从而意识到策略性传播（strategic communication）的重要性。

在我初任主席一职时，美国广播电视新闻主管协会是一个对外界反应非常强烈的组织。政治家们对新闻自由和《宪法第一修正案》(即国会不得制定关于下列事项的法律：确立国教或禁止信教自由；剥夺言论自由或出版自由；剥夺人民和平集会和向政府请愿伸冤的权利。——译者注）持有异议，这种情况经常发生。但是当事情关乎会员的利益时，美国广播电视新闻主管协会就会以居高临下的姿态发表声明表示回击，或者提醒公众和媒体对此予以警惕，结果媒体和政治团体往往对其置若罔闻。在分析原因时，我们认为至少有两点是显而易见的。

第一，协会对待这个问题的态度太温和了——要避开党派纷争并不意味着当强势的政客们试图用不同于传统媒介的方式管制电子媒介时，就应当保持沉默。

第二，协会传达的核心信息(core message)似是而非、语焉不详，结果不仅没能保护自己，反而显得缺乏针对性且没有立场。

我们提出，只有那些能吸引受众并能被广泛引用的“强烈信息”，才有可能迫使对方有所反应。因而，在此次策略性传播中，我学到的第一点经验就是：美国广播电视新闻主管协会需要主动发动传播进攻 (communications offense)，而不是被动地防御。也就是说，协会不仅需要更有效的沟通技巧，而且需要一整套全新的传播策略。

于是，一份新的方案应运而生。尽管此前美国广播电视新闻主管协会从未尝试通过传统的游说帮助那些政治家筹集选举资金，以此来换取他们在关键问题上对协会的支持。但是，通过制定新的传播策略，我们就能发挥自己的优势，从而让那些政治家，即目标受众听到我们的声音。之前不管遇到什么问题，协会基本上都会以强烈的措辞传递一条简单的信息：无论被粉饰得多么高明或者多么动人，任何针对广播电视业的政府管制都是对《宪法第一修正案》的侵犯。这些争论的背后其实相当复杂，而且涉及到法律层面——尽管对于拥有全美最出色的律师团（他们各个能言善辩、能将复杂的法律条文解读得头头是道）的美国广播电视新闻主管协会来说，这不算什么。但从策略的角度来看，任何涉及法律的手段通常都是在浪费时间。这不仅会让我们在这场政策辩论中处于被动防守的地位，还会让政客们和政策制定者更急于加强对广播电视新闻内容的管制。要想引人注意并重新夺回政治优势，我们传递出来的信息必须一针见血、直指问题核心。

总之，我们应该用一种普通公众的语气和情感而不是律师般强硬的态度去表达意见。因此，我们不再攻击政客们对新闻自由的管制，开始传递一些非常简明的信息，例如“你愿意泰德·肯尼迪（遇刺的前总统约翰·肯尼迪的弟弟。是现今美国民主党的元老和最具影响力的象征。——译者注）和杰西·赫尔姆斯（前美国共和党资深参议员。——译者注）一类的政客告诉你，哪些电视新闻内容是你该看的吗？”这样的话简洁易记且便于引用，又绝无党派偏见，而且还迎合了一般民众对政治家普遍怀有的不信任心理。

在此之前，美国广播电视新闻主管协会旗下的众多媒体还从未见过协会号召公众对新闻法规发表意见。只要持续传递这样简单明了、让人印象深刻的信息，就会有更多的媒体支持我们。这样，我们没有花一分钱拉拢政客，却引起了各方对我们意见的重视。当国会和联邦通讯委员会再次针对“舆论自由”发动新一轮攻击时，协会并没有再像往常那样紧绷神经，而是积极地发出自己的声音，然后就坐看那些政治家和监管者被记者和选民的电话搞得手忙脚乱、狼狈不堪。最终，支持舆论自由的一方赢得了这场战争的胜利。

这场策略性的传播活动让我获益匪浅，也正是这段经历奠定了我书写本书的基础。本书所提到的每一个工具都将帮助你获得更好的沟通机会，让你应对每一天的沟通挑战。

目 录

contents

第7章　与媒体交手有绝招　133

如何面对媒体采访

第8章　破解公关危机　177

危机中的传播

第1章

高效传播的策略

事实、信息和情感孰轻孰重

在"泰诺危机"中，强生公司如何成功地挽救了产品？

卡夫公司如何解决公众对其食品健康问题的指控？

由于忽略"浮点运算"的瑕疵，

英特尔公司付出了怎样的代价？

ISSUES, MESSAGES, AND EMOTIONS

怎样才能让听众集中注意力？怎样让对方相信你说的话？怎样让他们记住你说的重点？这些都是我们不时会碰到的问题。当年，古希腊哲学家亚里士多德在分析这个问题时，曾这样总结：**有效的传播往往关乎人性，而非冰冷的事实**。由于过去的 2000 多年中，人性本身并未改变多少，所以，这种理解并感受他人的能力，即**情感智力（Emotional Intelligence）**仍是有效沟通的实质。

在“泰诺危机”中，当众多专家认定泰诺这种产品会造成致命伤害的时候，为什么强生公司能在保持企业信念的前提下，还成功挽救了产品？很大程度上，这和一家公司对消费者倾注的情感关怀（即是消费者的生与死）有关。但是，最近 SUV 因为轮胎问题而出现了一系列严重的交通事故，Firestone 公司却受到了指控。为何面临一个非常相似的状况，Firestone 却惨败而归？因为人的情感能起到关键性的作用，Firestone 却没考虑到这一点。所以一旦某个品牌出现差错，不管人们曾经对它多么信任，最后都很难恢复顾客的信任度。也许数据可以说服一名工程师，但是，对于一名受到惊吓的年轻母亲来说，数据毫无意义。她一定不想每次开着 SUV 和孩子出门时，还要为 Firestone 轮胎的质量担惊受怕。

能言善辩，能恰到好处引用或成功避开话题陷阱仅仅是有效传播的一部分。在今天这个信息爆炸的时代，要成为真正的“沟通强人”，必须要有一整套经过缜密思考的传播策略和方法。而你所做的一切传播活动，都要建立在 3 个最基本的问题上，即**如何吸引受众；如何取信于受众；如何让受众记住你，并达到预期的传播效果**。当然，要想成功实现以上 3 点中的任何一点，首先你得保证你所讲的确实言之有物。

请永远不要简单地将策略本身看作是一个终极的目标，而是必须让它为更大的传播目的服务。最有效的传播不是反应过激，也不是保守封闭，而应该在具有前瞻性的同时保持积极和开放的姿态。在选择具体的传播方法之前，为了充分利用每一次传播的机会，你必须规划自己的传播策略。有效的沟通需要对具体的传播情境进行自外而内的审视。如果不能充分理解总体的传播策略，即使机会出现了，你也很难把握住；即使把握住了，也可能会因为没能及时作出明智的决策与成功失之交臂。

假如你不仅知道所有的答案，而且在某些特定情形下，还能流利地回答所有可能的问题，这也并不意味着你就在沟通中获得了成功。道理很简单：真正有效的沟通，是你总有一个实在的故事可讲，而且你总能以一种引人入胜的方式把故事讲出来。当然，衡量沟通成功与否的终极标准，在于受众是否真正记住了你的故事，是否如你预期地作出了反应。

其实，所谓的策略问题大家都很熟悉，只是常常被忽略了而已。

> 在特定的传播情境中，你真正要实现的是什么？
> 你需要沟通的对象是谁，为什么是这些人？
> 他们希望从你这里得到什么，为什么他们会听你讲话？
> 你希望他们记住什么，又想让他们采取怎样的行动？
> 你要表达的是什么，怎么传递给他们？

挑起受众的兴趣

也许你对自己要讲的内容的重要性深信不疑，而且你还能向受众清晰无误地表述为何你的话非常重要。但这些都不足以保证受众就会仔细倾听、相信你所说的话，或者牢记你所传递的信息。要知道，你的沟通对象和你一样现实。所以，首先你应该弄清楚谁会在乎你所说的话，以及为什么。总之，作为一位传播者，你要明白自己的首要工作就是要想尽一切办法让别人对你认为重要的事情产生兴趣。

在担任跨国企业的咨询顾问期间，我和我的同事经常要耗费大量的时间在飞机上。对于我们和我们的家人来说，确保每次航班的顺利起飞和平安降落才是最重要的。无论航班上是否有我们身边的熟人，一旦发生坠机事件，这趟失事航班都将成为当天媒体报道的头条新闻。不管新闻价值有多大，这个星球上的任何人都不希望这种旅行变成新闻。**要想让某个事件引起公众兴趣，产生新闻价值，这个事件就必须与众不同，甚至耸人听闻，而且可以被媒体深度解释**。从这层意义上来说，好消息并不一定具备“新闻”要素。而你能证明某件事情的重要性，并不一定就能让别人对它倾心关注。

媒体对政治新闻的常规报道方式就是一个极佳的例子。即便在总统大选期间，也没人会因为迫切想要了解国家在社会安全或医疗方面的政策趋势，而通宵达旦地等待大选结果。人们之所以彻夜等待结果，只是为了在第一时间知道谁会胜出。作为新闻媒体，他们当然深知政治关键点在哪里；但是由于观众对大选的输赢结果更感兴趣，媒体自然会投其所好，将关注焦点放在这场“赛马”大赛上。对此，媒体圈已经见怪不怪。而一些严肃的批评家则竭力宣称这是媒体严重失误的表现，其实并不尽然，因为人的天性就是如此。

大多数人都是通过各种各样的故事看世界的——故事越新奇越有趣，效果越好。如果一个故事索然无味，和我们的情感需求也毫无关联，那么，不管他人如何极尽所能地讲述它对生活的重要性，我们的注意力都不会持久。成功的传播者应该不仅自己清楚某件事情的重要性，又能通过沟通让其他人对此产生兴趣，并意识到它的重要性。但要做到这一点，却并非易事。

有效的传播是一种主动性的行为。其目的在于胜利，而不是避免失败。有效传播是通过故事讲述和观点阐述博得受众的赞同和好感，而不是一味“防御”或者防止他人“挑衅”。这就是为什么仅事先对棘手的问题做准备远远不够。无论你回答得多么出色，也只能算是一种防御。在谈话时，有的人习惯设置话题，有的人则喜欢控制和引导话题。无论身处何种环境，有效的传播就是要把握话题的重点，充分发挥沟通效力。

先发制人

从某种意义上讲，有效的传播也可以被称为“问题管理”(issues management)。问题管理的首要目标是先发制人，为话题定基调。问题管理是一种传播策略——为了支持自己的观点，达到预期的“传播效果”而设置一个故事框架。你要做的，就是在别人占领“先机”之前，定下谈话的基调和主题，但它又不仅仅关乎发言时机。如果能为即将发表的讲话定下基调或确立相关主题，你就更有可能控制住接下来的谈话。无论一开始对手看起来多么盛气凌人，只要掌控了话题走向，你能赢得这场辩论的概率也就越大。相反，一旦你的对手抢占先机定下基调，获得了语言“战场”上的主动权，那么，就算你的故事再有说服力，你都不得不面对一座更险峻的山障。如前所述，问题管理绝不是一种防御，也并非单纯为了应付对方提出的刁钻问题，而是抢先获得主动权，掌控对话局面。

举个例子，发生在化工厂的严重爆炸可能会引发一系列麻烦，而这其中的每个麻烦都可能被人们从不同的角度进行解读。比起其他人来，工厂主可能会对其中的某些主线更感兴趣。爆炸和由此引发的火灾可能会引发一场关于化工厂周边社区安全隐患的大讨论。此外，爆炸还可能在引发人们关注潜在的环境污染问题的同时，掀起一场对化工产品经济价值，以及化工厂为当地社区创造就业机会等问题的深入讨论。

如果发生爆炸事故的碰巧就是你的工厂，那么无疑地，你会从工厂的安全性而不是危险性来看待这次事故。你肯定希望媒体报道公司已为处理事故做了哪些准备，工厂正全力扑灭大火并保护当地社区安全。你一定希望周边社区的居民都能把工厂看作带动当地经济发展的积极力量，而不是对公众健康安全的威胁。你会希望看到所有媒体都在报道工厂怎么解决此事，而不是把矛头对准问题本身。然而让你无法回避的一个事实是负面消息几乎总比正面消息更有报道价值。而且，通常局外人也最有可能优先关注负面消息。

影响叙事主题并不是毫无意义地掩饰真相。事实就是事实。没有任何一种神奇的传播策略或技巧能将那场大火扑灭，或把时针调到工厂爆炸之前。此时更适宜的做法应该是设定主题、奠定基调，为围绕这场化工事故展开的讨论营造一个有利的话语氛围。**总而言之，策略性传播就是引导媒体报道的语调，影响故事的主题。**

话题的两面性

为什么每年从治疗疾病中盈利数十亿的大企业把自己的工作称为“健康护理”，而不是“疾病管理”呢？虽然保证健康和治愈疾病相当于一枚硬币的正反两面，但是比起谈论疾病来，大多数人更愿意谈论健康。原因很简单：健康这个词在人们眼里是积极的、充满希望的，而疾病则是消极的、令人压抑的。所以，虽然本质毫无二致，但在消费者心里，一家经营健康生意的公司，其形象远比一家经营疾病生意的公司积极、充满活力。再比如，当人们讨论“在超市中意外发现腐肉”的话题时，大部分从事肉食品加工的生意人肯定更倾向于谈论“食品安全”，而非“食品滋生疾病”。尽管本质上两者毫无区别，但对于受众来说，其中的情感内涵则完全不同。谈论疾病和危险意味着消极和保守，而谈论健康和安全却是积极和具有前瞻性的象征。在谈论事关生死的话题时，两者之间的细微差异所发挥的作用是不可小觑的。

卡夫公司的胜利

多年前，同属一家大型跨国集团的食品加工业巨头卡夫公司（Kraft）和烟草业老牌公司菲利普·莫里斯(Philip Morris)都面临着严重的策略传播和问题管理危机，但它们解决危机的方式截然不同——当然，结果自然也是截然不同的。菲利普·莫里斯和其他一些大型烟草公司曾耗时数载，投入上百万美元来应付针对烟草产品有害健康的诉讼案。在这场持续数年的官司中，烟草公司一开始就陷入了被动——案中涉及的基本问题全被对方所左右。反吸烟活动家们围绕着公众健康和产品安全问题大做文章，不断向烟草公司施加压力。毫无疑问，这场诉讼案的结果几乎从一开始就已经注定。虽然烟草公司也毫不示弱，甚至偶尔会采用一些极端的商战策略。但是，无论烟草公司再做什么努力都已经无关要紧了，因为整场辩论基调已被对方定了下来。其实，从被推上被告席的那一刻起，烟草公司的产品就被贴上了“诱发致命疾病”的标签。毫无疑问，公众会就此达成共识：烟草公司蓄意隐瞒了其产品的危险性。所以，其实这场辩论还未开始，就已经结束。这场官司已经不再是烟草巨头们是否会输的问题，而是时间早晚和输多输少的问题。

对于一场类似的危机，卡夫公司又是怎样处理的呢？虽然他们面临的问题还处于引起公众注意的初级阶段，但若论严重程度，这场危机可能和针对烟草巨头的反烟运动一样，会对食品行业造成致命的打击。如今，人们越来越关心食品公司引发的肥胖症问题。长久以来，反肥胖组织和原告一直在不遗余力地提升公众食品健康意识，将矛头直指大型食品公司，指控他们仅为一己私利而置公众健康于不顾，诱使广大消费者贪食不健康的垃圾食品。作为财力雄厚的食品业巨头，卡夫公司本来也可以为此耗费大笔的时间和金钱为自己辩解，声称任何一款卡夫产品都不会导致肥胖，也不会有害健康。他们也可以尽量说服公众，告诉他们暴饮暴食才是肥胖症的主要原因。尽管卡夫公司能找到大量证据，证明所谓“垃圾食品”和肥胖症之间的关联，远没有暴饮暴食或缺乏锻炼那么明显。但是，争辩显然对公司的形象无益。所以，对于所有可能影响到这场辩论结果的公众意见，卡夫公司并没有像烟草公司那样漠不关心，而是予以高度重视。卡夫公司既没有责怪顾客，也没有和人的本性作斗争，而是以退为进，主动限制针对儿童的食品广告，并通过多种途径向消费者大力宣传健康的饮食习惯。

试想，如果当初卡夫公司提交一份权威报告，用大量科学论据证明公众意见和传统观念存在谬误，卡夫食品也根本不用为美国民众迅速“壮大”的身躯负责。又或者他们用现实案例去驳斥公众将肥胖症问题和卡夫食品相互联系根本毫无道理，那只是急于打赢官司的律师们在误导他们而已。这样，这场辩论只会无休止地进行下去。也许卡夫公司最终能够获胜，但结果又能怎样呢？也许，他们将从此在顾客中失去公信力。因为大多数人宁愿将食品公司视为自己肥胖的罪魁祸首，也不愿检讨自己的饮食习惯是否健康。

在另外一个例子中，作为卡夫公司竞争对手之一，尽管家乐氏公司(Kellogg，美国第二大谷类早餐制造商。——译者注）一直都致力于推广健康食品，但由于其儿童食品存在营养问题，到头来还是支付了高达20亿美元的诉讼费用。由于此前他们一直以为家乐氏公司在食品健康方面的良好声誉足以阻止来自公众的声讨，却忽略了自己可能成为特殊利益团体借助公众对食品营养的关注来渔利的对象。回首这次经历，家乐氏公司本可以及早对其健康食品展开更大力度的宣传。可事实上他们并没有意识到当时社会正在对儿童食品展开舆论风暴，因而在这场公共危机中丢失了先机，变成了被告。

研究证明，通常大多数人最关心的都是负面新闻报道，这种心态甚至让他们忽略了自己真正面临的健康和安全威胁。然而，对于公众来说，内心的恐惧绝不会因为颠倒了是非真相就减弱半分；那些真正关心公众健康和食品营养的人，也绝不会因为这样一桩轰动的诉讼案件，就停止寻找其他可能滋生肥胖的病因。这样一来，那些有着数百万加工食品销量的食品业巨头就更容易成为舆论风暴的众矢之的。如果你去问20世纪30年代名噪一时的劫匪威利·萨顿为何总去抢劫银行，萨顿会告诉你那句名言——“因为那里有钱”——把食品公司告上法庭也只是律师们赖以谋生的手段而已。不论是大公司还是小企业，不可避免地都会遇到此类业行业危机。**一旦卷入这些引起公众兴趣的舆论漩涡，自然就会成为群起而攻之的对象**。此时稍有不慎，很可能就会使公司的名誉一落千丈，在一片讨伐声中惨淡收场。因此，我们前面提到的“问题管理”，其重要性不言而喻。

不管你证据有多充分、事实有多确凿，“忤逆”公众舆论和传统理念的做法很少能够行得通。不管你对自己的事实证据有多自信，但面对已经完全失去理性，甚至黑白颠倒的公众，想要改变他们的价值观，肯定难比登天。此时你的最好选择，就是和当初面对“肥胖症公关危机”的卡夫公司一样，认真听取公众意见，了解他们的价值观取向，尊重他们的情感需求，从而找到彼此的情感共鸣点，洞悉危机背后的深层原因。总之，在和公众沟通时，要尽量弱化可能出现的争端，和他们倾心交谈，最终取得共鸣。相反，如果你以一副咄咄逼人的架势，对公众的不公和愚昧的指摘怒目相视，就正好跳进了对手事先挖好的陷阱。此时，就算你足够幸运，对手的辩论功底实在太差，最好的结果也只能是一场平局。而一旦你掌握了话语的主动权，无论对方的言辞有多么犀利逼人，至少会给你一次胜利的机会。

小问题，大危机

即使事实和证据再有利，企业也难以赢得与消费者或竞争对手的辩论。1994 年年底发生在美国英特尔（Intel）公司的公关危机就是一个很典型的案例。

英特尔的危机来得如此突然而悄无声息，以至于公司内部几乎没人去关注此事。弗吉尼亚的一位数学教授最先注意到：英特尔最新出产的奔腾计算机芯片在处理“浮点运算”时经常出现错误——如今大部分计算机处理器芯片已经能够解决这些复杂的数学运算，但只有很少的一部分个人用户才有机会使用或者了解这种功能。其实在此之前，英特尔的工程师们就已经察觉到这个浮点瑕疵，只是他们并未在意。这些精通技术和统计学的工程师精确地估算出，在实际生活当中，使用电子数据表的普通用户每 2.7 万年才有可能遇到一次这种浮点运算问题，所以他们觉得根本没必要担心。一旦这个漏洞传遍网络，这种“根本没必要担心”立刻就会演变成 PC 机界的议论焦点。用不了几天，一个原本只有计算机工程师才会感兴趣的技术问题，或者只有“骨灰级”PC 机用户才会遇到的小问题，会迅速演变成一条爆炸性新闻——“Intel”这个最著名的世界品牌存在缺陷！起初，英特尔的工程师们仅从技术层面对此作出反应。他们仍相信这只是个有待解决的技术性问题，所以对由此可能引发的更深层的信任危机并未作任何准备。他们没做任何遮掩，因为在他们看来，这件事没什么好担心的。最初，英特尔公司传递给消费者的信息简单而坦诚：用户不必为此担心——除非经常要用计算机进行异常复杂的数学运算，否则你甚至永远也不会注意到浮点问题。

这些工程师没有意识到——英特尔已经不只是个 PC 机复杂电子元件的提供商了。一旦向每个 Windows 用户宣传“Intel Inside”（内装 Intel

处理器。英特尔处理器会给每个终端用户赠送一张“Intel Inside”贴纸，贴在机箱上），英特尔就会接触到更广泛的消费者市场。其目标受众会发生变化，而公众对于英特尔公司的理解和期待也会随之变化。因此，英特尔的主要受众已不再是购买芯片的计算机设计者和生产者，而是数以百万计的普通用户——他们可没耐心倾听英特尔为产品缺陷所找的各种复杂理由。通过对“Intel Inside”的品牌推广，英特尔已经从微芯片的批发生意转移到了PC机的零售领域——在这个领域，PC机和烤箱、洗碗机之类的低科技含量的家用电器一样，只是另一种消费品而已。

作为英特尔奔腾处理器的主要买家之一，IBM凭借其在消费市场上的长期经验，迅速意识到了将要发生的一切。虽然在英特尔看来，此次危机只涉及一场技术问题，而对于普通消费者来说，就算他们完全清楚这样的程序漏洞根本不可能影响到自己，这仍会让他们产生心理阴影。

就在英特尔忙着向人们解释浮点运算根本不算什么问题的时候，IBM则单方面宣布暂停出厂装有奔腾芯片的计算机，直至这一问题得到解决。此举一出，英特尔立刻意识到了事态的严重性。几天之后，英特尔就对外宣布了芯片置换方案。然而，世上的陈规陋习往往都无法轻易颠覆。英特尔在声明中如是说：“我们认为，此次事件纯属一次小小的技术故障。对此我们表示歉意，我们曾相信大多数人无须进行芯片置换——至今，我们对此仍然深信不疑。”

这句话等于是在向世人宣布，“我们是专家，我们才是正确的，我们很聪明，花钱购买我们产品的那些人才是傻子。”要是讲事实证据，英特尔绝对没错。对于计算机工程师来说，这实在算不上什么问题。但是对于那些正在考虑要不要购买内置奔腾芯片的普通PC机用户来说，这些技术细节就绝不仅仅是小问题。此刻，英特尔的命运正掌握在这些人手中。而那些工程师以及包括其传奇CEO安德鲁·格鲁夫在内的英特尔高级管理层，就是不能（或许也不愿意）正视这个简单事实。在他们看来，消费者对待这件事的态度显得毫无道理，他们不能为了顾及消费者的情绪就置专家们的意见于不顾，他们轻易就忽视了事实证据背后的价值和信仰和现实技术问题毫无干系。他们考虑的仅仅是如何解决技术问题，而最后的结果是：英特尔被迫召回存在轻微瑕疵的奔腾芯片，还为此付出了 4.75 亿美元的巨大代价。这一事件给了英特尔公司一次惨痛的教训——想要在公众辩论中屹立不倒，就绝不能忽视受众的情感。

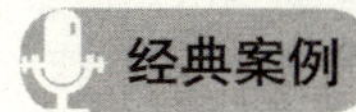

吸入孩子肺部的烟灰

我们曾代表一个大型柴油机制造商联合团体同一些环保主义者展开了一场“斗争”。他们认为柴油机排放的废气是造成空气污染的一个主要根源。若从科学角度分析，此事相当复杂；但要站在政治层面来看，事情则非常简单。长期以来，整个柴油机行业在公众心目中的形象已经根深蒂固：他们对生态环境和公众健康毫不关心，他们排放的大量致命烟灰全都进到了无辜孩子们的肺部，而这些企业却正是以此敛得巨额财富的。

对柴油机公司来说，他们面临一场非常棘手的官司。它不仅关乎柴油机在国家经济的影响力，而且势必会影响到正在进行的技术突破进程——这项技术突破能让柴油机达到和其他能源内燃机一样的环保排放标准。所以，柴油机生产商们很想将辩论话题引到技术革新上。而对方则更倾向于避开理性科学，将话题集中在难闻的黑烟上。他们更想把这场讨论演变为一场关于疾病、死亡的全民辩论，从而立法限制柴油机排放量。他们不想参与到新技术的研发，调整柴油机燃料生产和销售数量的讨论中去，关心的只是怎样通过这场辩论尽快制定和实施打压柴油机的法律。然而，对于整个国家来说，这场辩论所牵扯的问题是有相当大的风险的——不管是对在整个国民经济中占有重要地位的柴油机工业，还是对那些有赖于新一代柴油发动机去适应政府不断压缩排放标准的汽车制造商，这都是一场输不起的“赌局”。

起初，柴油机制造商以为只要他们列出一堆技术和经济学上的数字，就能够利用他们为整个国家经济方面所作的巨大贡献这一客观事实力排众议，为自己赢得公众的支持。但是很快，他们就意识到尽管那堆复杂的技术数据对工程师们很具有说服力，但在公众看来毫无意义，因为从大烟囱里冒出来的滚滚浓烟在他们的头脑中已经根深蒂固。至于那些证明柴油机动力不可或缺的经济学数据，不管其有多么完美，如果人们想起那些饱受哮喘病折磨的脸颊苍白的孩子们，顿时就变得黯然失色。

作为柴油机行业的反对者，特别是那些拼命鼓吹反商业言论的政治家们，此时则在向民众大肆宣扬柴油机冒出的浓烟给人类带来的灾难：直接引发癌症、哮喘以及其他的致命疾病。尽管他们拿不出确凿的科学证据，但那些煽情的演说本身就足够让人震撼以至于难以忘记。他们知道如何利用公众的悲悯心理来制造轰动社会的新闻报道。他们知道，只要将这场争辩的话题紧紧限定在那散发着臭气的浓烟和致人死命的疾病上，而不去探讨什么健康的经济发展或者现代柴油机科技的奇迹，那么他们在这场漫长的辩论中就握有更大的胜算。他们明白在这类严肃的公共政策辩论中，输赢往往取决于是否能紧抓对手的致命弱点，是否能制造出强烈的视觉冲击以及是否能发起煽动人心的媒体轰炸。

面对这样的不利局面，这些公司没有被“牵着鼻子”去讨论柴油机污染对公众健康造成的影响，以及如何慎重评定他们与经济效益之间的利弊关系，而是选择继续将话题的焦点集中在推动对“清洁柴油机”的宣传上。制造商和清洁的柴油机都需要寻求公众的情感关注，唯有如此，才能将这场争论纳入到一个对他们更为有利的话语氛围中。他们竭力将污染和疾病这类破坏性话题从公众视野中抽离出来，转而将话题中心逐渐导向新技术带来的奇迹。他们选择将公众的视线引向如何净化空气方面，而不与对手在粉尘污染对人类的危害程度这一消极辩题上继续纠缠。在对这起事件的处理上，柴油机行业的传播策略显然十分聪明——他们选择避开对手的锋芒，从而巧妙地将话题引入到自己的“轨道”，可谓另辟蹊径、绝处逢生。

引导公众舆论

这个柴油机行业的经典案例再次说明了一个道理：当我们在应对一个错综复杂的负面话题时，必须时刻保持警惕。而负面的新闻报道也并不一定会彻底将公众舆论导向消极的一面。事实上，这个世界上的大多数人也都是在以一种积极的态度看待问题。我们当中的大多数人都不想看到这个世界崩溃，都不会希望那些灾难性的后果真正降临到自己身上。至于那些身处某一特定事件的辩论中却与辩论结果并无直接利害关系的人，同样也只是希望这个世界将越来越好。

尽管如此，若要在空气污染与肺癌之间建立某种积极的联系，仍是一件困难的事情。在这一案例中，支持柴油机行业的一方基本上找不到能将柴油机与疾病和死亡联系起来的任何积极因素。但是，通过悉心洞察公众舆论的走向，以及持续对媒体在同一时期内针对柴油机、空气污染和健康效果等问题的报道的实际内容进行深入分析，即使得到的这些信息出现在与其截然相反的负面新闻中，也总能找到一些能将公众舆论引向积极的一面的信息。

这场关于柴油机的辩论，是一个充分阐释“扬长避短”战略的经典范例。这个案例告诉我们：通过传递出积极的信息而非摆出一副“御敌于国门之外”的架势来应对对手的挑衅和攻击，往往会取得更好的传播效果。而消极的防御性信息（无论你的反驳听起来多么合情合理），则只会推动公众舆论继续朝着负面的方向发展、只会给人造成你确实“理亏”的印象，甚至会让受众以为，从你的对手口中说出的每一条关于你的负面信息都确有其事。

要凭空创造出一个关于柴油机排污方面的积极故事听起来似乎不可能，但如果能够传递出“清洁柴油机”的信息，则显然要容易得多，并且其传播效果也会更好。在媒体方面就这一事件展开的连篇累牍的报道中，自始至终都保持着一个基调，那就是由于空气污染不可避免地要将柴油机和疾病联系到一起，所以几乎是一边倒的负面评论和分析。当然，出现这种结果丝毫也不会让人感到惊讶。关于疾病和污染的故事从来都是负面的、消极的，而我们在同期的公众舆论调查结果显示，公众对于有关“清洁柴油机”的信息却作出了积极的反应。虽然这方面的内容他们可能只是偶然看到，但是这些积极的信息最起码有了被那些尚未作出决断的目标受众了解的机会，而这部分人通常还是大多数。

不用一味地替自己辩白，也无须被对手牵着鼻子走，柴油机行业联盟就这样驶上了正确的轨道，他们坚持不懈地传递着自己的积极信息，即新的柴油机技术正在帮助净化我们所呼吸的空气，以及处理我们关心的污染问题。对此，公众舆论给予了积极的回应。尽管在这场针锋相对的全民大讨论当中，也存在着铺天盖地的负面新闻报道，但清洁柴油机的积极信息推动公众舆论朝着积极的方向发展。今天，普通公众中的绝大多数人在这一问题上的看法，要么是中立态度，要么则已经把柴油机能源看作是解决整个国家能源问题的可行性方案。

第2章

来自亚里士多德的建议

信息传播从人性出发

克兰德尔峡谷煤难中，

矿主罗伯特·默里的信誉是如何被毁的？

拥有98%客户满意率的公司，

为何会被指责犯有严重的欺诈罪？

ADVICE FROM ARISTOTLE

亚里士多德曾告诉弟子这样一个事实：无论你在气势上如何咄咄逼人，都很难真正说服你的听众，尤其当他还是一位行事审慎、疑心重的人时。大多数人对这一客观事实置若罔闻。有效的沟通往往都与疯狂、悲伤、喜悦或者恐惧等情感联系在一起。亚里士多德对我们今天的传播学作出的一个突出贡献，就是他对人性和人类情感的重视。两千年之后，本杰明·富兰克林在撰写著名的《穷理查历书》时，也得出了一个相似的结论："如果你想指望一张利嘴就引起旁人的注意，那可绝非明智之举。"亚里士多德和富兰克林都谙熟这样一个道理：即使再有效的沟通，在实际中也常常与你的预期存在一定的差距。道理其实很简单——无论你认为自己陈述的内容有多么重要，但它对别人来说也许根本算不了什么。你讲述的内容在听者那里，其重要性已大大降低，至于他们的感受，更是无从知晓。

这就是事实：**无论你的说辞多么言之有理，都很少能以言语自身的力量征服听者的深层情感**。因此，有效的沟通必须稳稳地将"锚"抛到受众的心里，而绝不仅仅是传递出一些有用的信息，然后让人们按照你的想法去做。强硬的命令其实是最无力的表现。从长远来看，有效的沟通就是要从听者的角度触及他们的内心，而非仅仅出于你自己的"想当然"。总之，有效的沟通首先需要传播主体审慎洞察现场的情境，对基本的人性心理悉心揣摩。这一点看似简单，但在实际中往往由于人们过分追求华丽的词藻和标新立异的演说方式而被忽略了。为了实现有效的沟通，你必须首先搞清楚你的受众真正关心的是什么，以及他们为什么关心。只有弄清楚这一点，才有可能采取相应的策略刺激他们对你的话题产生兴趣。为什么同样的话，受众的反应却截然不同？如果把亚里士多德和富兰克林放在今天的话，想必他们同样也会毫不犹豫地抛出那三个最基本的问题，也就是我们在考虑是否该对某人的讲话给予关注时所思考的三个问题：**说了什么？谁会关心？和我有什么关系？**

后世的许多心理学家之所以将亚里士多德奉为他们学术理论的鼻祖，是因为他是将观察人们的内心情感纳入到一个有序的科学框架的第一人。亚里士多德并不没有把它当作一个抽象的哲学试验，或者一种原始的心理疗法，而纯粹是出于想告诉人们如何在情感层面说服他人的现实目的。当亚里士多德将他的关于说服和传播方面的伟大论述汇集成册后，便成为了传播学领域的学者们顶礼膜拜的传世经典。在古代的雅典城内，在所有成年男子参加的一次公共集会上，人们甚至对亚里士多德的这个理论进行了一场最为严肃的法律辩论：任何一个雅典人的自由、生命以及财产，都要依靠这种能力来说服成千上万的同城居民。那时没有律师，一个受到犯罪指控的雅典人必须依靠自己向公众的审判提出申辩。在亚里士多德撰写传播学论著的同时，他并没有让自己沉溺于空洞的哲学思索，而是不断地向他的学生们提供各种具体的建议——如何让受众倾听、相信、铭记以及行动。

有效的信息总是充满情感

亚里士多德曾经说过：最有效的信息通常都是积极的、具体的，并且充满情感。有效的信息绝不是一种被动的防守。如果你发现自己正受到攻击，那么你的第一反应多半是将全部精力投入到自我防护中去。而一旦你传递出去的信息让人感觉到你是在替自己辩解，那么就很容易让你的受众怀疑你确实有不可告人之处——即使你能找到一个合理的理由来支持你的这种行为。最有效的信息就是那些能解释你正在做和将要做的事情的信息。这类信息中几乎不包括你曾经做过的、你希望自己没有做过的、或者你信誓旦旦地保证自己不再去做的事情。但即使别人试图在你讲述的事情上打上消极的标签，你也绝不能用同样的方式对待你的受众。无论身处何种形势，你必须时刻控制自己的脾气，不要为了面子而冷言冷语。因此，采取一种积极的具有前瞻性的方法，将会帮助你提前规划好一次谈话，梳理好你最想传递给对方的信息，并将其完全纳入你的预期中。

有效的信息总是需要可靠的证据作为支持。抽象的理论对于大多数人来说都难以理解和接受。因此，讲述一些明确具体的内容肯定会更有利于你的传播。现在我们再来看前面提到的那个发生爆炸的化工厂的例子。在这个案例中，最重要的受众，至少从短期看，他们肯定都不会只想了解公司方面做出的抽象承诺。那么这些人关心的是什么呢？他们是在为自己的生命感到不安。因为他们想确定自己的生命不会收到威胁；他们想知道化工厂都采取了哪些措施来解决爆炸之后的问题，他们希望你们能够确保他们的安全。如果公司此时只是空泛地表示 “正在尽一切努力保护社区”，这显然不能让人满意。倘若在其中加入一些具体的细节，诸如“我们已派出 150 名消防队员前往一线，他们已经将火势控制在 A20 区，那里距最近的社区至少有一英里远”。则会更有说服力。

我们再回头看亚里士多德的那句话：**有效的信息总是充满情感**。对于目标受众而言，他们对于最重要的内容通常会表现得更为敏感和关注。有效的信息永远不会是关于你和你的团队的议程，而应该是你的目标受众所关心的问题。当然，你和你的团队肯定会有自己的主观意愿和情感关注，但对于你们需要面对的大多数受众来说，他们首先（也是最终）关心的问题永远是他们自己。这就是人的本性。所以，只有你理解和尊重了受众的情感关注，才能阐明你的观点，并说服你的受众，从而帮助你实现战略目标，使你的信息从本质上发挥效用。

我们关怀，我们承诺，我们行动

最有效的信息，特别是形势很严峻，风险很大时，一般在说辞中总要包含如下表达：**“我们关怀，我们承诺，我们正在行动。”**一旦正常的沟通氛围变得紧张，那么你首先要确保你的受众此刻能得到超出平常的礼遇。因此，对受众表现出自己最大限度的诚意，对于信息的传播效果至为关键。为了保持受众的关注度和维护你个人的信用，你必须真诚地尊重受众的价值，真正乐于与他们一道分享他们的情感关注——即使在你看来他们所关注的那些事情根本毫无道理。

举个例子。在美国，核电站的安全记录是很容易证实的。当然，以前也发生过事故，但毕竟很少，而且没有造成任何大的灾难，也未曾对生活在周围的人们形成实质上的伤害。但是，如果你只是一味地想靠统计学上的数据来说服那些在核电站附近生活的人们，让他们相信根本不必为自己的安全担心，那就大错特错了。尽管数据足够科学也足够客观，但那些生活在核电站附近的人们都清楚地知道，一旦真的发生意外，那么灾难将可能降临到他们子孙后代的头上，而你却可以置身事外。在这种情况下，能指望谁会相信你仅凭统计学所做出的关于核电站安全性的承诺呢？此时，除非你在这个过程中能始终对受众的情感关注表现出真诚的尊重，否则，无论你的事实论据有多么充分，从你口中说出的任何话都肯定会受到质疑，甚至会出现更糟糕的情况。

还记得那个关于早餐吃猪肉、鸡肉、熏肉还是鸡蛋的争论吗？与熏肉和鸡蛋相比，显然鸡肉会让你更有兴趣，而猪肉则充当着调味剂的角色。同理，如果在那些形势微妙的论辩中融入些情感因素来充当传播和沟通的调味剂，那么其结果肯定不仅仅是让交流变得有趣。

经典案例

克兰德尔峡谷的矿难

2007 年夏，在犹他州克兰德尔峡谷煤矿发生的一起矿井坍塌事故中，6 名矿工遇难，3 名矿工获救。这个案例再次证明，仅有良好的意愿是不能保证在情感因素错综复杂的传播情境中取得理想效果的。当得知有矿工被埋在井下时，作为矿主之一的罗伯特·默里迅速赶到事故现场。他立即采取措施营救矿工，并与受困矿工家属、当地政府以及媒体取得联系。

默里是一位心直口快且时常引发争议的人物，他竭力维护采矿业的利益，并因为对环保主义者、工会组织和政府官员屡屡发炮而著称。他的亲自指挥立即引发了各种回应。一方面，由于默里将政府、专家拒之门外而受到批评；另一方面，又有许多人对他的举动大加赞赏：至少他一开始就能够站出来，在危急关头亲临现场处理事故，而没有躲在下属的身后或站在一旁指手画脚。对于那些想不断寻找新的报道角度的记者来说，默里的介入更是让他们倍感兴奋——默里曾是一名矿工，并亲历过一场煤矿坍塌事故。他向记者们回顾了那场经历，告诉他们当自己被埋在井下时内心有多么恐惧,这也进一步增加了人们对他的信任。但是随后，救援工作开始陷于瘫痪。他们没能在矿工可能被埋的区域发现有任何生命迹象，只是在另一处矿井中再次发现了三名幸存者，以及后来陆续发现的几名受伤矿工。至此，针对默里的各种批评声再次蜂拥而至，人们开始质疑默里讲的那段故事实际上只是在替采矿行业开脱罪责，而作为一名带有一串安全违章记录的非矿业联盟的矿主和经营者，他所说的一切也不过是在为自己辩解。

很快，原先默里负责任和直面困境的高大形象，在公众眼中迅速转变为贪婪冷酷，为了满足私利而罔顾他人性命的丑恶嘴脸。与此同时，面对这种急速恶化的形势以及由此带来的不断增加的压力，默里非但没有收敛，反而表现得愈发狂傲——他怒斥媒体，怪罪联盟组织者诋毁他公司的安全记录，声讨那些针对煤矿业的批评者对美国经济的不负责。默里这样做只有一种结果：克兰德尔峡谷矿难在社会上造成的负面影响不仅没有得到实质性的改变，他此前留下的“口实”还使他陷入更大的麻烦。

在最初开始施救的几个小时，默里着力强调这次煤矿坍塌是由一场小型地震引起的，他的言外之意是这种情况是他和他的公司无力控制的。但随后一些地震学家站出来质疑默里的这种解释，认为在矿难发生的那段时间里他们的传感器并未探测到有地震活动，因此，说地震引发的煤矿坍塌显然缺乏科学依据。此语一出，立即让默里火冒三丈,他对这些地震学家的“节外生枝”大为不满。

媒体记者、政府官员，尤其是那些遇难矿工的家属，纷纷开始质疑，他们不知道是该相信煤矿主还是地震学专家。随着形势的发展，局面越来越不利于煤矿公司，默里后来所做的努力也于事无补。在这场针对煤矿行业的指责中，他选择了大张旗鼓地针锋相对，结果被描绘成是一个想利用悲剧情节来阐述自己的人。

在这一案例中，默里最初面对媒体时表现得非常坦诚，他努力想让公众相信事实的真相，至少在他看来这些事实不容置疑。他明确地表示出负责任的态度，以及尽一切可能妥善处理事故的意愿。但随后，他在与公众的交流中选择了一种以自我为核心的对话方式，而没有顾及到广大公众的情感关注。显然，那些出事矿工的家人和朋友此时既不会关心美国煤矿工业的命运，也不会关心拥有克兰德尔峡谷煤矿的公司的命运，更不会考虑默里和他的公司所受到的来自工会联盟激进人士和政府管理部门的压力。他们唯一关心的，就是那 6 名被埋在矿井下的工人以及冒着生命危险实施救援的人员的命运。正是由于忘记了自己传播的目标，忽视了公众的情感关注，默里最终将自己置于批评声之下。随即，他又将矛头指向那些批评家，而这又给他引来了一片质疑——“默里煤矿的采矿方法是否合理”、“过去是否存在违反安全的问题”、“他对环保规章大发议论的态度”等，纷纷成为舆论的焦点话题。

至此，问题已经变得与默里是否居心险恶无关，与他如何尽人事全力营救失事矿工也无关。现在他在公众心目中的信用已被毁掉。默里口舌必争的天性使得他在公众心目中的形象大打折扣，也使这样一位既“冷血”又“傲慢”的人，很快便在这场传播战中陷于“失控”状态。究其原因，就是因为他没有认清矿工及其家人的情感关注，而错误地将话题集中在自己关心的问题上。随着那 6 名失事矿工获救的希望越来越渺茫，各种负面消息接二连三地传出，正好给了那些善于利用和把握时局的政治家以及其他社会批评家一个抨击默里的好机会。即使矿井坍塌的真正原因仍旧是个谜团，默里仍然成为了众矢之的。所以，正是由于默里传播策略的失误，才导致自己成为了公众宣泄愤怒和谴责的标靶。在这个案例中，情感迅速取代了事实，成为了主导传播走向的决定性因素。

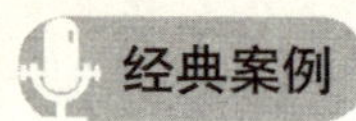
经典案例

西弗吉尼亚州的艰难时光

几年前，美国联合碳化物公司在西弗吉尼亚州有一家大型化工厂，该工厂主要生产异氰酸甲酯——一种致命性的化学制剂。该化工厂实质上就是臭名昭著的印度博帕尔联合碳化物公司的一个翻版。在1984年博帕尔联合碳化物公司发生的那起事故中，有将近4 000人死亡，50万人因为毒气体泄漏而受到严重伤害。毫无疑问，在博帕尔灾难过后，人们一定都会担心：一旦在他们身边发生类似的泄漏事故将会怎样？

事实上，此前这里也发生过几次颇为严重的泄漏事故，只是由于迅速得到控制，才没有造成人员伤亡。不管怎么说，该地区的居民已经为此而感到恐慌和愤怒。为此，联合碳化物公司的高层亲赴工厂与工人和社区居民会面，试图打消他们的恐惧情绪。他们的意愿无疑是美好的，但这一传播策略的具体执行与预期目标相差甚远。而这场极其糟糕的社区会谈，至今仍时常被工人们谈论。在会谈中，联合碳化物公司的一位高层领导先是发表了一通热情洋溢的讲话，阐述公司方面原本只要关闭工厂走人就可以轻易地解决所面临的危险问题，但公司不会那么做。其实他的本意并不是想威胁这个社区的人们，但其结果恰恰相反。他是想让这里的人们知道联合碳化物公司在对待这件事上的态度是负责任的，并且正在采取各种措施确保工厂的安全运转和每一名员工的切身利益。他想通过讲述一个关于他曾经养过的一只小狗有追逐邮递员的习惯来阐述他的观点，但还未等他把这段轶事讲完，他的讲话就被愤怒的人群打断。其实他并无恶意，但他阐述观点的方式适得其反。

他本想让大家明白公司方面无意抛弃这座化工厂，不会对其忠心耿耿的员工置之不理，而且公司一直在尽可能地采取各种措施保证工厂的安全运行。但是底下的人群听到的却与他想表达的截然不同。他们听到的只是一位从城外来的人滔滔不绝地谈论自己，而与他们毫无关系。他们听到的只是一位傲慢的公司高层在说他们的脑子愚钝，根本不能明白为何博帕尔的灾难不会在西弗吉尼亚州发生。他们所听到的是将他们同富人的一条狗进行比较。原本所有的事实都可以用来支持碳化物公司的，但他的一番漫不经心的拙劣言辞，毁掉了他的传播。

最有效的信息不仅要表达出情感关怀，还要显示出坦率的承诺，要使受众相信你能够尽一切努力去应对任何可能出现的问题——这是一种真诚而务实的态度。这些承诺，要能反应出你和你的组织的良好品质。如果将关怀与承诺两者割裂开来，其效果则与一份乏味的任务书相差无几。每个公司都有这样一份规章挂在墙上，但很少有人耐心地把它看完，更没人会记得当初是谁起草的这份文件。那个倒霉的联合碳化物公司的官员发现在这趟西弗吉尼亚州之行中，关怀和承诺在公众面前都不起了作用，除非他们能够实实在在地做出行动。由此不难看出，要使你的信息有效，就必须让受众知道你是站在与他们同样的立场上关心他们，你正在与他们一起分担忧患并且真正尊重和重视他们。要使你的信息有效，就必须表现出你和你的组织是在倾尽全力地解决问题，并且保证这样的问题今后不再发生。为了成功实现以上目标，你的传播还必须要有你正在采取的行动作为支撑，而且要确保这些行动与你的目标受众有关，要能赢得他们的理解和认同，还要对他们最初的恐惧和情感关注做出积极的回应。

逻辑、伦理和情感

亚里士多德在教诲弟子时曾这样总结：**要使一条信息有效，必须经过三个要素的检验，即逻辑、伦理和情感**。用现代的语言来解释，就是一条信息必须保证内容的真实（逻辑），必须忠实于你（伦理），必须能唤起听者的情绪（情感）。当然，确保内容的真实，对于任何信息来说都绝对是先决条件。你的信息必须真实且经得起时间的检验。阐述一个事实总难免会带有一些主观色彩，但你的任何描述都必须忠于事实本身。作为一名传播者，你的任务就是用一种易于理解且能被受众接受的方式陈述那些事实。

至于这三要素在实际中有多么重要的作用，2005 年卡特里娜飓风刚刚结束之后爆发的传播与公共关系灾难可以证明这一点。现在已经无需再去探讨谁应该为飓风期间及灾后重建中所发生的事情负责的问题，但回顾风暴过后的那些日子，千百万人在电视屏幕上所看到的那些情形对我们今天的传播研究还是很有价值的。在那期间，华盛顿的政府官员们通过不停地召开现场新闻发布会，使受灾民众和整个国家相信形势已经得到了控制，灾后救援工作也正在有条不紊地进行。但随后电视屏幕上时时播出的一些现场图片——被洪水冲上街头的死难者尸体和成千上万备感绝望的难民涌向新奥尔良大运动馆和会议中心。此刻，任何来自记者们的评论都已经变得毫无意义。那些图片本身就是最有力的证据，它立即并且毫不留情地摧毁了政府的信用。面对这种尴尬，政府官员们根本无计可施，他们拿不出任何证据能令民众相信在电视屏幕上看到的并非事情的全部。

其实，政府各部门的官员每日召开新闻发布会，并不是要故意谎报新奥尔良的灾情，他们只是将官方所了解的情况介绍给公众。但民众也正在通过自己的眼睛来观察和了解现实的情况，而且他们所看到的完全是另外一番景象。在这种情况下，仅仅说“我们是关心和负责任的”这样的话，是很难被大众所接受的。**政府方面所做出的任何陈述，都是代表着最高的信用，所以，关于“关心和负责任”的所有信息都必须是能够看得见的有效行动**。比如播出救援人员的照片，至少可以表明政府已经采取了一些卓有成效的措施。但是那些形象不会在人们头脑中持续太久。很快，有关飓风、洪水以及可怕的灾后场面的报道便会在公众头脑中刻下难以磨灭的印象：死亡和毁灭、政府功能的缺失。至此，这场灾难已不再只是一个关于气候的问题。整个事件已经演变成一个关于政府失职和不作为的故事。公众话题的基调就这样被定了下来，而政府还浑然不觉。

关于信用问题，它也有赖于受众对你的道德、品质和名声的认知和判断。无论你多么能言善辩，都很难保证你的信息能够得到有效传递，除非你自身对它确信无疑，并且在此之前你的信用已经被牢固地树立起来。要想有效地传递出信息，就必须保证你的信用。而一旦你的人品或信用遭到了人们的质疑，那么你将很难再去说服任何一位听众接受你所说的每件事。不相信？你只要去问问卡特里娜飓风事件中的那些仍在试图挽回民意的官员，去问问联合碳化物公司的那位试图安抚居民的高管就知道了。

仅凭一件事很难从逻辑上合乎情理地让人信服和接受，你阐述的事实真相、信用道德，以及所做出的一切承诺，都仅仅是你迈出的第一步。你的信息不但必须尊重受众的价值、引起他们的情感共鸣，而且还必须通过可信度方面的验证。

经典案例

98% 的客户满意率

我们公司曾代理过这样一位客户，它与州政府管理部门之间的关系出现了很大麻烦。当时该公司手中掌握了能支撑己方观点的事实证据，即 98% 的客户满意率，并以此与政府管理部门针对公司要坚定保护消费者的“问责”据理力争。刚一开始，我们自然怀疑那个令人难以置信的高满意率。从事任何行业的公司，特别是像这样一家与诸多管理部门都产生严重分歧的公司，怎么能做到满足大部分客户的需求和期待呢？毫无疑问，政府管理部门一定也有这样的疑问。但是我们开展的一项调查完全证实了该公司所提供的数字的真实性。据此我们能够断定，这家公司确实赢得了 98% 的客户满意率。不幸的是，在与目标受众的沟通中，千真万确的事实却无法帮助他们使信息变得更加有效。

在这种特殊情形下，对此事给予关注的最大受众群体是政府的管理部门。对于这家公司来说，在数以百万计的客户当中，有 98% 的人都对他们的服务感到满意。但这一信息在他们的目标受众，即那些对他们持怀疑态度的管理部门看来，则丝毫没有说服力。所以，无论消费者对这家公司感到多么满意，都无法打消象征权威的政府管理部门的怀疑，因为他们认为这家公司犯有严重的欺诈罪，必须被严厉惩处。那些政治家和激进组织只会关注媒体的头条标题和挥舞在他们眼前的巨额罚单。

所以，根本不用耗费珍贵的时间去辩论无益的事实，特别是在证明了那个令人惊讶的98%后，我们建议这家公司将注意力转向那些政治家和激进人士，并以一种和平的方式与他们沟通，把公司重新定位成一个在消费者保护方面的冠军企业。那些原本在政治上掌握着主动权的管理者们，那些原本将他们与报纸头条、巨额罚单联系在一起的政治家和激进人士们，现在可以笑容可掬地将这家公司视作消费者保护模范企业了。通过转变辩论的基调来扭转被动局面，至少就我们代理的这家公司来说已经取得了成功。此刻，我们客户的竞争者们正忙于同管理部门苦苦纠缠，为他们是否必须遵循我们客户的消费者保护标准而争辩不休。

倍受尊敬的华盛顿特区公共关系专家斯科特·威德迈尔讲述了发生在威德迈尔公关公司的一个相似案例。当时他们在为政府公共健康与社会福利部服务，任务是解决校园暴力问题。政府方面希望传递给孩子们这样的信息，即任何时候他们有需要，成年人都会帮助他们。但是，在威德迈尔公司将这一信息直接传递给 9 ～ 13 岁的孩子后，基本无人响应。过去的经验使孩子们相信，不论他们说出的是什么，成年人其实都不太关心校园的暴力问题，因此也就不可能对处理这类问题有太多帮助。于是，留给孩子们的是一种发自内心的孤独感：不管成年人有着多么良好的意愿，孩子们都只有依靠自己——这就是事实。因此，如果公共健康与社会福利部想要说服这群目标受众，就必须找到更加可信的信息。有时，你要能接受自己的传播策略也会“失灵”，并弄清背后的原因。

用“减法”来实现“加法”

对于你想传播的信息来说，无论事实如何清楚、证据如何有力，有效与否是看它能在你的受众记忆中留存多久。一条无法让人记住的信息是不可能被付诸实现的，所以也就毫无效果可言。要想让一条信息更容易被人们记住，其方法就是剥离掉那些不必要的限定词语。有时，我们出于礼貌，或是由于某种程度的不确信，会倾向于在信息前设置一些限定性的语言，例如“我们希望”“我们相信”“我们认为”……但是在以说服为目标的传播领域，如果你的信息是有价值的，那么就不应该使用这样的语言；如果你的信息连自己都不确信能否通过真实性的考验，那么你从一开始就不应该传播。但在一些特殊的情况下，比如涉及法律时，不加限定的表述肯定是比较困难的。（如美国证券交易委员会严格限定上市公司官员公开发表有关财务业绩和未来商业前景言论的规定。）为了不超出法律的界限，你的律师可能会要求你必须在法庭的发言中增加一些限定或否定的词语。但是为了使你的信息传播取得效果，你就应该始终在法律允许范围内，尽量摘掉那些削弱话语力度的限定词。

为了提高信用和增强趣味性，你应该用可信的证据来支撑自己的信息。当然，事实上这也是支撑你观点的最基本的方式，只要你确信那些事实能够引起目标受众的共鸣。但是，就像厨子多了煮坏汤一样，过多的事实也可能会把原本最强的信息冲淡。为什么增加了大量的论据反而可能减弱了信息呢？其实原因很简单。要从你想阐述的全部观点中提炼出最重要的部分，并在一个特定的时间传递给特定的受众群体，这绝不是一件容易的事。同样，要在一堆事实论据中筛选，从而断定哪些论据能够给予你的信息最大的支持，这也是一件相当困难的事。面对这些困难的抉择，也许你会尝试用一种最简单的方法解决问题：将你掌握的所有材料和盘托出，然后寄希望于你所说的某些信息能够让别人信服。但是，事实上，你说的越多，受众记住的可能越少。**策略性传播常常是通过“减法”来实现“加法”**。通常，最有效的传播者都会选用少量的、目标非常明确的论据，将自己的想法集中在一条明确的信息上，然后抓住每一个机会把它传递出去。

在加州的一家美食店，市场调研员就果酱对购物者进行抽样调查。当调研员们提供给购物者 30 种不同的果酱时，他们发现只有 3% 的人会购买一罐果酱。当他们只摆出 6 种可供选择的果酱时，却发现有 30% 的消费者掏钱购买了。如果你给受众太多选择，也就意味着要他们的大脑在一个时间段内进行大量的思考，这使得他们集中精力在最重要的信息上变得更加困难。结果他们只会将注意力转移到别处，而完全没有记住你讲话的内容。所以，通过限定受众在一个时间段内的思维活动，也就相应地增加了你想阐明的那个最重要的观点留存在他们大脑中的机会，从而自然也就增加了信息产生实际影响的机会。

试着做下面这个实验。随意拿起十张扑克牌，把它们依次给你的一位朋友或同事看。除非你的朋友有着照相机一样的记忆力，否则他能记住的牌数一般不会超过三张。现在，仅用一张牌重复这个试验，看看会发生什么。你的同事可能不会永远都记得那张牌，但他对这张牌的记忆，肯定能比先前看到的那十张牌中的任何一张都更加持久。下面，你再试着和一群人做同样的试验。结果必定是：他们中没有人可以记住所有的牌，而且每个人所记住的都不一样。在这种情况下，你无法知道谁记住了什么，或者他们所记住的是否是你认为的最重要的内容。所以，当你要传递重要的信息时，始终要尽量保持信息的简洁。千万别指望你的受众能记住太多。记住，千万不要同你的关键信息抢夺“记忆的空间”。

数字的烦恼

用数字和统计学来支持关键信息就好比一把双刃剑——既能使你从中获益，又有可能让你陷入麻烦，就看你如何使用这些数字。例如：天文学家和电视名人卡尔·萨根（美国康奈尔大学行星研究中心主任。——译者注）以探索天体及发表“数以亿计的星星”（billions and billions of stars）的惊世之言而名闻天下。萨根从不会劳心费神地对无尽的苍穹之上到底有多少亿颗星星这样的问题探究不停，因为他不需要那样去做。他要强调的观点只是“在宇宙中确实存在大量的星体，数量多到根本无法计数”。作为一位高明的传播者，萨根博士很清楚那个巨大而复杂的数字对于大多数人来说都很抽象，所以人们根本就不会去考虑这些。事实上，也没人知道宇宙中到底有多少颗星星。即使萨根博士能够引用一个精确的数字，这个数字所能起到的作用也只是加大了信息的记忆难度。当某人提到诸如“90% 的牙医”时，大部分人立即就能明白他的意思，至于这其中具体是几百名还是几千名牙医，他们并不感兴趣，即使说了，大概他们对这个精确的数字也不会记忆太久。

然而，简洁明了但足以惊人的统计数字，如果能够在言语中适度使用，往往能使人印象深刻。

> 去年纽约市的所有公立学校注册新生将近 100 万人，这基本上等同于内华达州的人口数量。

这里运用了比较（或称对照）的方法将问题表述得非常清楚。生活中这种情况几乎随处可见。100 万只是一个巨大的数字，与其自身的意义没有多大关系。只有公立学校的管理者才明白一个巨大的城市学校系统究竟有多大。虽然普通人并不能记住这个精确的数字，但是，用整整一个州的人口来描绘纽约市公立学校的学生数量，将使人们更容易理解和记住统计学的意义及重要性。

恰到好处地引用一些专家的言论，能够增加一条信息的可信性和趣味性，但同时你也要清楚，并不是每一名目标受众都一定会认同引用专家言论的做法。另外，在这个一切皆有可疑性的时代，许多人都倾向于假定每一位所谓的“专家”都持有某种特定的观点，甚至代表某种特殊的利益，事实上他们的这种看法常常是正确的。

此外，还有许多种方式能够为你的信息增添一些趣味，使它们更容易被记住。

> ★ 文字图片化——想要喝新鲜的牛奶，你就得在厨房里养一只奶牛。
>
> ★ 引用——杜鲁门总统曾说过，“责任止于此”。
>
> ★ 隐喻——我们是一家顶级公司，你不能指望我们的产品价格低端。
>
> ★ 明喻——我们的经济就像行驶在海中的泰坦尼克号一样！
>
> ★ 流行文化——客户对我们的信赖就像公牛队对迈克尔·乔丹的信赖。

★ 举例——辛普森案说明了法庭上的摄像机影响法律。

★ 动感的词汇——大修而不是小改；起飞而不是起步；猛砍而不是刀削。

★ 奇闻轶事——“有一天，乔·史密斯走进我的办公室告诉我他的想法：在不给我们增加成本的情况下产量要提高4倍，从领到袖都要更换。”

★ 类推——否定北卡罗莱纳州的烟草津贴，就好比通知夏威夷不能再种植菠萝，好比让我们脚上穿着滑雪板跳天鹅湖，然后再抱怨我们的舞姿不够优美。为这里所发生的事情而责备我们，就好比邮递员给你送来了信用卡账单而你却对人家发泄不满。

请注意，这当中的许多例子都有一个共同的特点，就是强烈的“视觉效果”，即语言的妙用。**对于大多数人来说，生动形象的比喻显然比平铺直叙的语言更容易记忆。**他们多半会想起一个有点夸张的形象对比，比如“那玉米跟大象的眼睛一般高”，尽管他们对大象的眼睛距离地面到底有多高并不那么好奇。但这样说的目的，只是想说明那玉米真的很高，而当人们听到这个比喻时，脑子里立即就会浮现出一头大象站在高耸的玉米地里的场景。让你的信息更加形象，将有助于你的受众记住你所说的内容。

另外一种对于阐述观点非常有效的方式是讲故事。一条强烈的信息通常都会包括这样一些必备元素：一条清晰的故事主线、受害者、施恶者、胜利者、失败者、某种突出的矛盾，以及一个容易抓住的主题。而对于一个故事来说，一旦融入了人物的因素，就会增加它的可信度。对于大多数人而言，他们讲故事的能力都会优于阐述一个抽象的概念，无论那个概念看起来有多么重要。故事讲得越精彩，人们记忆故事的时间也就越持久。所以，无论何时，只要有可能，就应该尽量结合自己最直接的经历以讲故事的方式来阐述你的观点。用一个让人印象深刻的故事来支持你的信息，增加人性元素以为一条原本冰冷抽象的信息注入活力。你要始终以通俗易懂的语言来进行表述，即使你面对的受众是专业人士。尽量避免使用那些含糊不清、隐讳难懂的行话和专业术语，这些别出心裁的技术性语言非但不能使你看起来更专业，反而可能会使你的信息模糊，增加他人记忆你的核心观点的难度。

尊重语言。避免使用那些“无厘头”词汇和街头流行语。为什么每一种新产品，无论如何通俗平凡，现在都会被打上某种“系统”（system）的标签？为什么“溶液”（solution）这个词屡屡被用作“软件”（software）的委婉语？我个人猜想，其根本用意在于使那些勤奋有加的软件销售员看起来既让人感觉足够专业，同时又让人感觉态度认真。软件就是软件，溶液就是溶液，两者绝不可相互混淆，更不能彼此替代。波旁酒（Bourbon，美国肯塔基州 Bourbon 地方出产的烈性威士忌酒。——译者注）与水混合后是一种溶液，而微软办公系统则只是一种软件而已。一瓶上等的波旁酒加水会让大多数饮酒者感觉心脾通畅，而即使最贵最受推崇的软件也不可能给用户带来这种感觉。

因此，要找到能够融合事实、引用和例证为一体的方法以支持你的观点，需要你事先进行大量细致的准备工作。这项工作绝不能等到最后一分钟或者话题开始后再去完成。如果你想采取一种策略性的传播方法，那么就要投入足够的时间去准备，有一些技巧其实很简单，却非常实用，它们能帮助你在信息的传播过程中将最基本的一些原则付诸实践。

第3章

说出你的重点

将原则付诸实践

尼克松总统为什么会对报社编辑说“我不是个骗子”？

处方药会渗入供水系统，

制药公司如何向公众作出解释？

在辩论中，该如何争取到最多的支持者？

将事先设定的策略性信息有效传播出去是一个按部就班的过程。但是请记住，你必须要自外而内地看待传播。不要以为对自己的话题了若指掌、对要表述的观点充满激情，别人就会自动地接受和欣赏。只有让策略性传播充分地付诸实施，然后按部就班地跟进，你才能保证你的观点在任何情况下都能以一种最有效的方式传递给所有受众。至于你要为这些步骤耗费多少时间，这没有一个绝对的标准——可能是几周、几个月，也可能仅仅是几分钟。问题的关键是，不管花费多少时间，你都必须要严谨有序地考虑清楚每一个步骤。

设立战略目标

首先，你要问自己：我的战略目标是什么？在准备信息传播的战术之前，你必须首先站在战略层面，同时对自己要实现的目标非常清楚；在决定选择传递什么信息之前，你必须首先清楚，自己为什么要把这条信息放在如此优先的位置。如果你没有明确的观点的话，那么任何传播都可能变得毫无意义。**成功的传播始终都建立在战略性思维的基础之上。**

如果你就是那家发生爆炸的化工厂的经理，发现自己已经被推到前面去回答媒体的各种问题，甚至直接面对周边社区居民的诘问，那么这时你的战略目标是什么？你肯定是想提供一些关于事件进展的最新消息：谁受了伤，你们的团队正在采取哪些措施应对这场灾难等。但这些只是从直觉出发的最表层的战术思考，你的更大的战略目标是要打消大多数处在焦虑中的人们的顾虑，重塑人们的信心，使他们相信自己的安全不会受到威胁。你的战术方法是提供及时的、准确可信的信息，而无论你选择何种信息传递的方式，都必须服务于这个更大的战略目标。无论何时，都是战略决定战术，绝不能本末倒置。

锁定目标受众

接下来，仔细分析你的目标受众。如果希望每个人都集中精力倾听你的述说，那么就不要试图在同一时间内与太多的受众交流。无论是从人口统计学方面还是心理学角度，要想使信息有效地传递到最重要的目标受众那里，你就必须首先清楚且准确地鉴别出你的目标受众是谁。仍然拿那位倒霉的化工厂经理举例子。对他来说，最直接最重要的受众可能就是工厂里的雇员、雇员家属，以及住在附近的居民。从短期来看，他们是最有可能蒙受损失的人。从那天夜里工厂的浓烟蹿升到空中的那一刻起，这些人便是该事件中最直接的受害者以及媒体最关注的人群，他们带着一种严肃的态度密切关注此事。当然，政府管理部门、投资方、企业内部管理层，以及其他关注此事的民众也都很重要，但他们的生活和家庭在这个事件中没有遭受到任何直接的威胁。所以，他们的关注是更为抽象的，至少在当时看来，他们还可以继续站在一旁观望。而新闻媒体，尽管通常是最先提出问题的群体，但他们本身永远不是目标受众。**媒体仅仅是一个通向终端的渠道，一个让你能够更迅捷更有效地触及到真正的目标受众的渠道**。因此，将你的信息“贩卖”给记者是值得一做的，但这样做的目的仅仅是鼓励记者将信息更好地传递给受众。

尊重受众情感

在明确了自己真正需要沟通的受众后，就要问自己用什么方法能使那些人从情感上被你感动。受众已经知道了什么和你希望他们知道的都很重要，但受众内心对这一事件或形势如何看待，对于你信息的最终效果更为重要。因此，为了将你的信息传递给一位特定的受众，你需要理解和体会他们的情感关注——这将决定他们的态度和反应。不要因为它们看起来并不重要，就以为可以弃之一旁。要强迫自己将你的目标受众的情感关注列成一张清单，然后对它们认真分析。而想在一场针对某一事件的辩论中改变对方的想法不是那么容易，因为这些想法长期根植于人们的深层情感当中。

尽管媒体不是你的第一受众，但媒体收集到的问题可能影响到更广泛的大众对事件的理解和关注。毕竟，新闻媒体本身就是依靠充当读者、听众的代言人而生存的。新闻记者和编辑总是在不停地寻找他们的受众感兴趣的故事。记者们总是期待他们提出的问题能让受众相信自己是在进行完全独立的采访。因此，尝试以记者的方式思考，是帮助你体悟受众情感关注的一种有效的方式。

预测战略问题

你可以引进一种实用的信息拓展工具，总结群体受众的关注点，并把可能被提到的问题列出来。试着准确地将你可能被问及或埋藏在受众心中的每一个问题猜出来，这看似是一项很有必要的练习，但通常它只是在浪费你宝贵的时间。而尝试去探寻一个具体的问题将会以什么样的方式被提出来，则更加不可能。

击中关键问题

我们公司曾经代表一个客户去处理在一起主要海港发生的严重的化学品泄漏事故，当时这起泄漏事故已经发生了数日，但我们的客户始终没有面对媒体或公众进行任何表态。他们没有主动与那些需要得到抚慰的人进行沟通，而是忙着准备一份长达 40 多页的问答式报告，其中的每一个问题的答案都是由高价请来的律师团仔细分析后得出的。

我们认真阅读了这份问答报告，但在心里却有着完全不同的打算。为了简化与公众实际沟通的程序，我们根据自己对那些最重要的目标受众的情感分析，将所有问题进行了归类。我们以一种由外而内（而非由内而外）的方式来看待这个问题。很快我们就发现，根据受众的关注，那 40 多页报告里的大部分问题都可以归纳为简单的几类，剩下的都可以视为多余或者不相干的问题而放到一边。如果能准确地预知每一个可能被问到的问题，并把它们牢牢记住，然后再用那些准备好的答案回答固然好，但这远非大多数人的记忆力所能及的。在处理这个问题上，一种更加有效的方法就是站在更大范围的受众的角度上看待问题。一般来说，在任何情况下准备那么四五类问题就够了。然后针对这四五类问题，你可以准备一种固定的应答模式，保证它们与你的更大战略目标相一致。显然，记住那些针对最具战略意义的事件和受众关注所制定的四五类答案，远比去记忆冗长乏味、长达四五十页的问答报告要容易得多。

比如，在那起化工厂爆炸事件中，工厂雇员、雇员家属以及周边居民可能都会问这样的问题：引发大火是因为工厂管理者们的粗心大意吗？他们或者他们子女的健康会受到威胁吗？这个工厂会变成威胁周边社区安全的一枚定时炸弹吗？这座工厂将会被迫关闭吗？他们有失业的危险吗？这对该地区的经济发展又会造成怎样的影响？关于这起事件可能被提到的问题能想到的也就这么多，至少刚开始的时候能够进入人们关注范围的问题大概也就是这些。因此，从战略层面准备这几类问题，要远比连篇累牍地记忆各种预期的问题和答案更加有效。不要试图去猜测可能会提出什么样的问题，以及它们会以怎样的形式出现，而应该把你的目光放在更大的图景上。

回避特殊问题

问问自己，由于某种原因，哪些问题是你必须尽量避免回答的，然后再仔细考虑如何应对它们。当然，现实中没有什么魔幻方程式能够将苛刻的问题拒之门外，你也没有理由仅仅因为感觉困难，就不去回答某个问题。充分考虑可能被问到的最困难的问题，这对于任何传播来说都是准备工作中不可或缺的一部分。在任何情况下，都肯定会有一些问题是你事先能确信将被问到的，但是出于某种原因你又必须尽量避免去回答。你若不想破坏自己的形象，就必须直面这种挑战。

解决这个问题，有一种非常简单的方式，而且这种方式即使在最困难的情势下同样好用。那就是你要始终说实话。事先要充分预想到会出现哪些棘手的问题，并将它们逐一归类，然后准备好怎样恰到好处地解释你为何不能回答。比如说，这个问题涉及到诉讼，那么提问者就应该是对方律师。如果问题涉及到保密的人事问题，那么就解释一下公司政策，而不要去提联邦法律，不要让自己陷入争论中；如果问题需要你泄露商业秘密，那么就要客气地解释，你当然很愿意回答这个问题，但是由于你的竞争对手也很想获得这些信息，所以你只能不予回答。当然还会有其他许多种情况，但不管面对哪一种情况，你的目标都是要让受众明白你不是在企图隐瞒信息，而是尽你最大的努力帮助他们了解事实的真相。绝对不要随意说出诸如“我不能去那里”或“我不想谈论那个话题”之类的托词，那样只会给受众留下你正试图掩盖某种重要或者尴尬的事情的负面印象。用简洁的语言解释你为何不能回答那个问题，会是一个既能保全你个人信用又不损毁你公司形象的有效方法。

美国电话电报公司 (AT&T) 前任公关部主管迪克 · 马丁 (Dick Martin) 在谈到这个问题的重要性时指出：策略性传播的真正目标并不是媒体报道，不论这种报道是正面还是负面的，传播内容本身的可信度才是最重要的。你所传播的信息的价值，无论它是否经得起推敲，任何个体或团体受众都能依靠自己大脑的分析和判断得出结论。所以，如果没有良好的声誉，没有一个积极的形象，得不到大多数人的信任，那么就很难说服其他人去倾听你的话、相信你的承诺或者按照你的意愿去做。**声誉和**

信用要想获得很难，失去却非常容易。如果你无法对那些具体的问题和受众的合理关注给予肯定的回应，甚至不能给提问者提供详尽的答案，那么，就有可能严重损害到你的信用。记住，明确回答每一个问题始终只是通向目标的一种方式，严谨的传播方法只是起点而非终点，回答问题也绝不仅仅是你的终极战略目标。但你必须时刻准备好回答各种问题，必须"冒险"传递出一个足够清晰的、有说服力的信息，即使你对这个问题并不关心或者确实有事想隐瞒。

虽然每一个问题都理应得到恳切的答复，但也绝不要仅仅因为它被问到就觉得必须进行回答。如果你真的对其不甚了解，那么只管说"我不知道"，或者给提问者提供更有效的信息资源。无论你顶着多大压力，千万不要冒险，不要试着回答"如果那样"之类的假想类问题。始终秉持一条原则，即你所知道的绝对是真实的。一旦当你面临要去回答假设之类的问题时，最明智的做法就是想想亚伯拉罕·林肯的那句箴言，"运用口才消除他人疑窦，不如保持沉默，被人当作傻瓜。"信用如此弥足珍贵，千万不要因为一时疏忽和不必要的冒险而失去它。

明确关键信息

最后，再回过头来问自己，你想传递的关键信息是什么？你想讲述的故事是什么？你想阐述的观点是什么？怎样才能从传播信息的开始就保证你向着既定的战略目标推进？最后一个问题尤其重要，但也很容易被忽视。仅仅因为你碰巧熟悉某条信息，或者仅仅因为你觉得自己表述的不错，都不能保证它真的就是你必须阐明的重点。因为信息传递就是一场战争，你的关键信息必须始终最有效地接近你的战略目标。

在进行信息传播时，你可以随时参照对下面的这份清单。

★ 你的战略目标是什么？

★ 你的目标受众是谁？

★ 他们关注什么？

★ 你对他们的关注将作何反应？

★ 你有哪些需要避免的话题？

★ 你的关键信息是什么？

★ 你的关键信息推进你的战略目标了吗？

运用信息金字塔

你还可以运用一种非常有用的工具来进行信息准备，这个工具就是信息金字塔。一旦你准备好了对你目标受众的问题予以回应，并且选定了你想要受众记住的关键信息，那么，信息金字塔将有助于你架构陈述的内容，使你的关键信息更易于被受众接受和记忆。

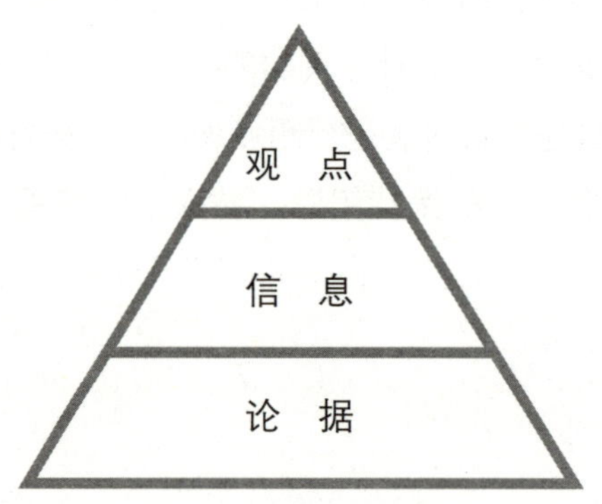

图 3-1 信息金字塔

信息金字塔非常管用，因为它与我们大多数人出于本能地回答问题或阐述观点恰恰相反。我们大多数人自孩提时代起就被训练运用一切可利用的证据进行辩论，并就我们对某事的理解来阐述我们的观点，得出结论。这既是构架诉讼案情的方式，也是一份书写预算备忘录的方式，甚至是讲述笑话的方式。妙语总是等到最后才说出，换言之，我们都会本能将我们想传递的关键信息置于这个金字塔的最底层。这看似合乎逻辑，但实际上对于注意力容易分散且好怀疑的受众来说，是一种效率非常低下的信息传播方式。经验表明，从一开始就要把你想阐述的观点（例如说出一份著名的宣言、语录或电视新闻采访摘要）和盘托出，然后是那条信息，最后才是你经过慎重考虑挑选出来的那些论据和例证。

然而，简短地陈述位于这个金字塔顶端的观点能够帮助你抓住听众的注意力，使他们对你传递的信息保持更长久的关注。金字塔的顶端不必非得要有多精彩或者像喊口号式的陈述，它可能只是你想要阐述的观点的简单总结。但是，无论你先说什么，都应该迅速且清楚地向听众阐明你的观点，使他们意识到继续倾听你接下来要讲述的内容是多么地重要。之所以要把你的论据留待最后再说，是因为这样，听众才会认真考虑你讲述的内容。也只有听众对这些论据背后的论点有了更深刻的认识，他们才会明白这些论据意味着什么、为何重要。如果不管论据和例证是否相关、是否有趣，一开始就将它们一窝蜂地全部灌输给听众，那么听众可能多半在你还未阐明观点之前就已经将注意力转移到了别处。即使他们仍然在听，也只是想知道到底是什么魅力十足的观点让你如此喋喋不休。**所以，如果希望有人能从头至尾地听你把这个故事讲完的话，你必须在一开始就要清楚地亮明自己的观点。**

信息金字塔的好处，就在于能迫使你认真思考想述说什么和要怎样述说，能迫使你提炼出想要阐述的观点，使听众感觉你的观点很有趣很重要。信息金字塔迫使你发表演说之前就清楚你要讲述的内容为何如此重要，或许最重要的是，它迫使你作出决定，哪些论据能够最为有效地赋予信息活力、增强信息的可信性。将过多论据一味地抛给听众，只会增加听众的记忆负担，结果往往适得其反——留在记忆中的更少，错误的概率更大，甚至根本什么都没记住。一两条重点突出的论据就足以使你的信息给人留下深刻的印象。总之，提供过多的论据，只会加大它们被遗忘的风险。

以下是如何应用信息金字塔的几则实例。

开场白：你们安心就是我们最重要的成果。

关键信息：为了确保我们产品是你最放心、最可靠的选择，我们已经在工厂中推出了最先进的测试程序。

论据：比如说，上一年我们共投入了1 000万美元用于对每件尚未出厂的产品进行安全性能的测试。就在上周我还花费了一天时间亲自到工厂去检查测试程序。我的家人每天都在使用我们厂的产品，我想自己亲自验证它们的安全。

开场白：有 3 个原因能解释公司为何在这个季度一直困难重重：国外市场的竞争，国内市场的改革，以及劳动力成本的逐步增加。

关键信息：来自海外市场的竞争前所未有地激烈，国外公司有能力抢占机械制造业的市场份额。我们都知道，目前公司内部正在进行的革新计划也将耗费一定的成本，并在短时期内可能还会出现一些问题。但是我们也知道，改革将会为我们带来巨大的收益，特别是它将使我们在劳动力成本方面，比我们的海外竞争对手更具竞争力。

论据：仅仅去年，我们在韩国的主要竞争对手就在机械的销售方面增加了 300% 的业绩，也就是说，他们的销售收入比前一年多了 5 000 万美元。而且，由于裁撤工厂和其他一些方面的改革措施，我们还削减了将近 40% 的生产成本。然而，与韩国的竞争对手相比，我们生产一台机械的劳动力成本几乎是他们的 3 倍。可见，目前我们在劳动力成本方面仍然缺乏足够的竞争力。

虽然这个金字塔的顶部不必有多么别出心裁，但它至少必须总结出你要表述的观点，且能听后令人印象深刻。

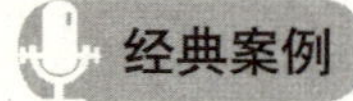

戴维·巴特莱特如何胜出

曾经有一次，我受邀在“今日秀”（*Today Show*）节目中参加关于竞选和财务改革问题的讨论，于是我便有机会将这一法则付诸实践。讨论的话题是政府是否应要求电台和电视台给政治候选人提供免费的广告时间。该观点的支持者们认为，给所有的候选人提供免费的竞选演说时间，将会更加有助于选举的公正真实，使得金钱在选战中不再扮演那么重要的角色。而这一观点的反对者（其中包括我本人）则认为，候选人除了占用这些“免费的午餐”外，还会在媒体宣传方面继续烧钱。由于事先我就知道我只有很短的时间来表述自己的观点，所以我花了几天时间来准备一段开场白，希望通过它使我的观点给听众留下深刻的印象。最后我决定使用类比的方式。轮到我发言时，我首先提出，通过提供免费的媒体宣传来增加一位政治家的诚信，就好比为银行劫匪提供一张可以无限取款的银行卡，而主张免费媒体宣传的人则在这档广播节目中继续高谈他的哲学论调。我运用信息金字塔，用一种令听众无法忘记的方式清楚地阐释了自己的观点。你猜最后谁会赢得这场争辩呢？

快速过渡到主题

如果你注意到了受众的关注，就能够在大部分传播情境中准确地预知自己将会面临的主要问题。如果你事先做足了功课，就能够给自己预料到的大致问题做出准确、可信、条理清晰的应答。但你最重要的目标并不只是去回答每个具体的问题，而是要把自己的核心信息传递出去，要阐释清楚你的观点。要做到这些，有一种非常简单却十分奏效的技巧——“过渡”——在回答问题与传递信息之间建立起一种自然流畅的过渡。

如果你足够幸运，被问到一个刚好能直接陈述你的核心信息的问题，那么这个过程就变得相对简单了——你只需用这个信息直接回答，然后就等着下一个问题。因为你已经阐述了自己的观点，不必再把话题扯得太远。但是在大多数情况下，你被问到的那些具体问题可能与你的核心信息并无直接的关联。所以，你还得付出更多努力，将你的回答过渡到你的核心信息。

比如说，假设你要传递的核心信息是关于你们公司的长期商业拓展计划，但是你被提到的第一个问题是关于亚洲经济的总体形势。因为你在亚洲有许多生意，所以有关亚洲经济的问题应该是事先能预想到的，你也对如何回答这个问题有所准备。但为了使接下来的谈话能够为你的战略目标服务，除了回答这个问题之外，还必须做更多的准备工作。换言之，你需要想好怎样才能够将你从事先准备好的对这个问题的回答上，顺利地过渡到你想要阐述的主要观点上。

问题：你认为有关亚洲经济的问题近期内会产生哪些影响？

回答：我认为只要世界其他地区的经济保持稳定，亚洲经济问题的影响就很可能被控制在最小限度内。

过渡：但更重要的是要看到……

核心信息：……在美国，由于在某些新技术方面已经取得令人可喜的进步，我们公司正致力于长期的产品拓展计划。例如，我们目前主导的一项很有希望的研究，最终将会帮助我们生产出更廉价更强大的芯片。

这看似简单，但我们大多数人都习惯了这种固定的问答模式：先是迅速、细致地作答，然后再耐心、礼貌地等待对方的下一个问题。可见，我们已完全忘记了过渡，即使此时心里装着一条更重要的，还没有传递出去的战略性信息。

并不是所有的人都能掌握好过渡的方式，但这也不是那么复杂的事情。最简单的过渡语是“而且”和“但是”。当你在练习对预想问题进行回答的时候，也可以试着使用一些类似的过渡句，从而使话题自然而然地转移到你想让受众记住的那个关键信息上。

这里真正重要的是……

我真的很想让你（们）记住……

我理解你（们）的关注，但我更想与你（大家）分享另一种观点……

此刻，让我们一起来展望一下这幅壮观的图景……

用这种方式来看……

这里真正的问题是……

让我们把它放到这样的语境中……

你（们）提出了一个很好的观点，可是……

我们（他）的底线是……

把眼界放得更宽一些……

我可以把那个问题稍稍做一下改动……

政治家们常常无视这个过渡步骤，无论面对的是什么样的具体问题，他们都只是一遍遍反复地传递他们包装后的信息。但你不能像政治家那样拿腔作势。为了不破坏你的信用，你必须对每一个问题都慎重地给予积极的回应。然后，要有计划地用过渡引出你的观点。要像在赌局中考虑投入多少筹码一样考虑你对每一个问题的回答，如此你才能成功地传递你的战略性信息。

可是一旦事情变糟怎么办？如果你突然被问到一个充满敌意的问题，又该如何应对？**永远不要让自己摆出一副被动的防御架势**。当你面临这样一个错误的提问："你们公司是否早在几年前就已经忽视这个工厂的安全问题，因为你们正计划关闭它？"你可以这样回答："那并不属实"，或者"我从未那样说过"，又或者仅仅一个字"不"，然后再立即用事实、你的关键信息、你想讲述的故事以及你预先想好的方式逐一回答。

提防消极暗示

当你要否认一个错误的论点时，很可能会将不自觉地将其复述一遍。这种做法可谓大错特错。亚里士多德将这种错误称为"消极暗示"。理查德·尼克松总统对一位报社编辑提问所做的绝妙回答，我们大多数人都可能耳熟能详——"我不是骗子。"（I' m not a crook.）不幸的是，如果我们追溯到 1973 年再来看他的那番陈辞，那么，尼克松先生，事实上，他就是个骗子。他表现得就像个窘迫的犯了罪的骗子，企图拼命掩盖自己的罪行。"我不是个骗子"立即成为水门事件的一个永久性符号。

但是回过头来想想，当时尼克松先生所做的那番陈辞，事实上是对一个相对温和的佛罗里达房地产税收问题的回应。他既没有说"我是个骗子"或"我曾经是个骗子，但早就洗心革面了"，也没有说，"OK，我承认我是有一点欺骗行为，但与林顿·约翰逊（Linton Johnson，1963－1969年担任美国总统。——译者注）相比，我可要逊色得多了”。总之，他所说的不外乎就是——“我不是个骗子”。但正是由于一时疏忽，在回答中说出了那个负面单词——“骗子”，才导致尼克松总统原本未加考虑就脱口而出的一句辩词，被人们理解为一种下意识的反向暗示，并立即将其推向被动的位置。由于自己择言不慎，他给了对手一个可趁之机。重复陈述否定词，会使你看上去更像是在为自己辩解。而一旦你看上去像在防卫自己，那么，无论你的陈述有多么坦率和周密，人们都会很自然地认为你肯定是有不可告人之事。其实，在谈到那个并不很重要的房地产交易话题时，尼克松先生给出的答复根本就没有什么能跟“骗子”挂上钩的。但结果是，受众是不会按照尼克松先生的本意去理解这番陈辞的。9个月后，尼克松总统黯然辞职了。

测试信息的有效性

客观地对信息进行测试评价，不仅可以使我们对受众的关注保持敏感，而且还可以让信息被受众记住。因为这能保证信息有力地传达出去，并有助于避免无谓的战术失误。无论你的信息本身有多么吸引人，你都最好通过真实的人群来试验你的战略和信息，并尽可能找那些你试图与之沟通的人，这对你来说是一个有效的保障。

你可以用3种基本的调查方法来测试信息，以确保信息按照预想顺利传递：定量舆论调查（公众舆论调查）、目标受众调查以及媒体内容分析。其中，舆论调查是大家最为熟悉的，同时也是最具争议的方式。将你悉心设计的问题在一部分人中进行抽样调查，再结合总人数进行统计，以此反映相对准确的民意。但只有民意调查，还并不足以判断信息的效力。也不足以反映传递信息过程中可能遇到的意外风险。知道一条特定的信息对于一群特定的受众来说是否奏效，这一点固然非常重要，但从更长远的眼光来看，弄清楚其原因则更为重要，这就是为什么我们需要进行目标受众调查。

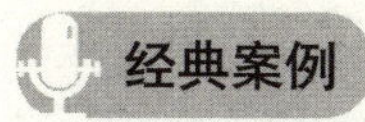

经典案例

每次喝水，都可能吞下别人的药

我们公司曾经有一个制药行业的客户，他们需要找到一种有效的方式向公众解释，只有极少数处方药可能渗入到供水系统。科学家们循规蹈矩地用“万分之几”或“亿分之几”这样的词汇来描述这个微乎其微的数字。当然，科学家们十分清楚在“万分之几”和“亿分之几”之间的巨大差别，但是，对于我们一般人来说，没人会在意这样的表述。我们都明白无论是“万分之一”还是“亿分之一”，所描述的都是一个相当微小的数字，也根本没人会去细究这两个数字之间的不同。在这个案例中，受众所关注的不是那些令科学家感到满意的数字，无论这些数字是大是小，对于普通人来说，他们每天所关注的，都是些毫无科学根据的怀疑与恐惧。那些处方药渗入供水系统后对人体构成的潜在危险从来就不是什么问题，唯一的问题只是，该怎样向受众解释这个“微小”究竟有多小。当然，受众都能理解“小”的概念，但我们需要帮助他们充分地认识到,科学家们所考虑的这个“小”和“无害”，只是向消费者表明他们能最大限度地控制任何潜在的威胁，使其不至于危害到公众的健康。

在这个案例中，我们完全可以使用简单而有力的类推法来描述和解释，千万不要指望那些充满疑虑的受众自己去领会“亿分之几”这样的专业术语。通过计算，我们客户的产品在渗入供水系统的量，相当于把一片阿司匹林溶解在一个标准的游泳池中。换言之，这是一种几乎可以忽略不计的“小”，根本不值得担心。然而，当我们将包括这一信息在内的数条信息在一个目标受众小组中进行测试后，结果却令我们大吃一惊：在随机挑选的调查对象中，有12人不同程度地对阿司匹林的类比表现出相当消极的反应。而当我们的客户在后来的讨论中对此进行解释时，阿司匹林这一为大多数人所熟知的、对人体几乎没有任何威胁的物质，仍然被受众理解为一种药物。在受众者看来，这跟认定我们的客户污染环境几乎没什么区别。对于这一小组的人来说，使用阿司匹林来阐释我们的观点无异于是火上浇油。虽然两者之间毫无关系，但还是无意中加大了人们对药物溶于水之后所产生的未知残留物的恐惧。当把一种处方药物的残留物与另一种人们熟悉的药物联系起来的时候，该目标受众小组就会联想到，我们在试图掩盖某个问题，淡化问题的严重性。

这个测试提醒了我们，尽管我们当初绞尽了脑汁才想出阿司匹林的类比时，但普通人就是不喜欢时时闪现在头脑中的这样一个念头：自己每次在喝水时都有可能吞下别人的药。而当我们将阿司匹林的类比改变一下，转而将其比作溶解于巨大游泳池中的一小块方糖，我们发现该焦点小组的反应发生了彻底的转变。用方糖来进行类比有效地解释了溶入水中的药物的数量有多么微小，而根本不会令受众产生任何可能引发他们焦虑的错觉。

使用公众舆论调查来测试信息也是同样的道理。对于任何情况下的任何问题，都可能存在大量需要考虑传播的信息。仅凭你个人或同事的反应来选择使用哪些信息是非常危险的，你过分的精挑细选只会使结果适得其反。因为你掌握的信息越多，就越难判断那些对信息的了解不如你的人所关注的问题在哪里，而且你个人的关注点和喜好与你要沟通的那些人也是截然不同的。你对某一信息十分偏好且推崇备至，并不就意味着受众也会有像你一样的反应。因此，使用舆论调查和目标受众调查来测试不同的信息和论据，就更加稳妥和更为可靠。而后，你只需将那些业已被证明的能够有效推动你的观点的信息公之于众即可。在调查目标受众的初期，先列举一些相关的问题，让其对信息有基本的认识和理解，然后再进一步地阐述你的关键信息，在调查最后还必须重复关键的问题，以了解目标受众的反应是否有变化。通过这些调查步骤，你能了解目标受众真实的想法和感觉，以此判断说些什么才能改变他们的想法。

第 3 种基本的信息测试方法是媒体内容分析，即通过比较那些反映公众舆论变化的报道，追踪你的信息在媒体中发挥着怎样的作用——受众的所有信息都是从你那里获取的，还是另有其他消息源？这些信息都对受众产生了影响吗？如果有影响，那么他们是积极的还是消极的，效果是强的还是弱的？这种媒体分析所包含的内容，绝不仅仅是统计一下有多少篇发表在报刊上的文章或广播上的报道与你的信息有关。高级的媒体分析不仅要记录下这些媒体报道的数据，而且还要分析媒体报道的角度、基调，以及这些报道能抵达的地域广度。前面的柴油机行业联盟的例子已经告诉我们，负面的媒体报道本身并不会将公众舆论导向消极的一面。但这并不是否定媒体的作用，恰恰相反，媒体的报道在一定程度上，能够主导整个舆论环境。因此，追踪新闻报道以及报道对公众舆论所产生的影响，对你提炼有效的信息是很有帮助的。

争取到最多的支持者

大多数新闻报道不能自动引导公众舆论走向的原因之一，是因为在大多数问题上，人们的意见和主张通常都是呈波谱式的发散状。在波谱的一个极端，是你的天然支持者，他们无论发生什么事或面对什么人，都不会改变他们固有的观点，都会不遗余力地支持你。而在这个波谱的另一个极端，则代表着截然相反的另外一群人，他们绝不会因舆论环境的变化而改变他们的主见，无论你传递的信息是什么，他们都用怀疑的眼光看待你，都用激烈的语言反对你，你也别指望用什么方式能将他们说服。在两者之间的是第三类人，他们可能最初会倾向于支持你，但是如果你的反对者在双方的辩论中占据了上风，他们又可能随时改变主意去支持你的对手。同理，还有一些人最初倾向于反对你，但随着你在辩论中扳回优势，他们又会“弃暗投明”，加入你的支持阵营。但恰恰就是这些没有明确主见的第三类人，往往会成为左右战局的重要力量。**因此，对于这场论战中的双方来说，第三类人便成为都有机会争取到的对象。**而在面临大多数问题时，你想要与之沟通的大部分人就稳坐在这个巨大的中间场地上，他们对你的了解原本并不多，对你的关心也就更少。

不幸的是，我们大多数人在现实中却往往执迷不悟——要么将大量的时间和精力耗费在向那些已经接受我们观点的坚定的支持者上，要么则是穷尽所能试图挽回那些根本就不可能改变主意的敌对阵营。但在现实世界中的大多数问题上，公众舆论的分布几乎总是呈“钟形曲线”(bell curve)，而大多数受众就站在这个曲线的中心地带。对于发生的问题他们可能了解不多，关心也很少，但通常他们都会表现出愿意聆听的兴趣。也就是说，他们为你的说服工作敞开了大门。他们是任何聪明的传播者都优先关注的对象。暂时忽略掉剩下的那两极的存在吧，你应该将信息的传递目标锁定在这些尚未作出决定的人群身上。

第4章

塑造完美传播

让你的观点打动人心

建筑师赖特为什么说匹兹堡是他见过的最丑陋的城市?

教室里的老师为什么要用勺子削苹果?

《创世纪》的作者们为什么要讲述“诺亚方舟”的故事?

PREPARING POWERFUL PRESENTATIONS

无论是面对一小群同事进行陈述，还是面对上千名听众发表正式演说，对于许多人来说，在公众场合讲话都是一项令人恐惧的挑战。然而，在今天这样一个时代，我们大多数人都不得不接受这项挑战。甚至可以说，我们做人做事的成败，常取决于我们是否能清楚地向他人阐述观点。

要想实现与听众的有效沟通，不仅需要条理清晰、有说服力的信息，而且还要有出彩的身体语言。在所有的信息传播中，精心的准备和反复操练都是取胜的关键。有效的准备包括聚焦战略目标、分析目标受众以及构架关键信息。此外，有效传播信息还需要精心准备肢体语言，比如眼神交流、姿势、手势及其他工具的恰当使用。一个有效的演说必须要有脉络分明的框架，同时还要有畅通无阻的传递。**完美的传播不会容许有任何一句缺乏思想内涵的话语**。即便是传播者认为最强势的信息，如果脱离了与受众之间的实质联系，也很可能会变成无效信息。无论在何种情势下，你都要清楚自己想说什么、为什么要说，要相信自己有能力将信息表达清楚，要知道怎样通过身体和情感上的"语言"与你的受众进行沟通。一旦做到了这些，你在公众场合讲话时那种毫无道理的恐惧将烟消云散。因为你已经掌握了与任何人有效沟通的能力，也就是说，无论你面对多少听众，在多大场合，你都可以从容应对。

现场的听众几乎总会有精力分散的时段，这也就意味着你的信息不可能百分之百都传递成功。所以，自始至终，你都得一刻不停地吸引他们的视线，想方设法地使他们注意力集中。当然，你也永远不要指望自己能够完全获得成功。无论你的陈述看似多么简单多么无懈可击，如果你不事先做好准备，那就准备好失败吧。因此，投入一定的时间去准备一段精彩的演说词，充分重视每一个细节，以确保你讲话的方式能够让受众记住你传递的信息，并对其做出积极的反应。以正确的方式阐述观点，确保受众牢记你的信息，这永远都是你最重要的目标。

与自然压力和谐共处

如果你在众人面前说话紧张，在几个人、甚至在你老板面前也是如此的话，那么你不要担心，因为这样的人绝不只你一个。正如有些人会恐高，有些人会怕水一样。但在所有这些令人们感到不安的事物当中，最常见的就是在公众场合讲话。事实上，有许多人都坦率地承认，对他们来说，在公众面前开口讲话的感觉简直比面对死亡还可怕。这看起来似乎有点奇怪——这些人显然宁愿做葬礼上的默哀者，也不愿去做那位站在众人面前致颂词的发言者。

这种演讲恐惧症显然不能帮助你解决任何问题，但在面对一位重要的听众并准确开口前，感觉有一点紧张是再正常不过的，甚至在某种程度上可能还有些好处。紧张会刺激人体内的肾上腺素，由此释放出更多的能量来帮助你完成演说。稍稍有一点紧张有助于你保持敏捷和集中注意力。而充沛的精力、机敏的应变力和高度集中的注意力，将会为你的演说注入足够的活力。相反，如果一位演说者在开始一段重要的陈述之前过分冷静，那么台下的听众很可能会觉得他的演说过于平淡乏味。适度的紧张，稍微有点瑕疵，反而能带动起听众的热情，使他们能记得住你传递的关键信息并对此做出良好的反应。

在进行任何演说或者陈述之前，做以下几个简单的动作能够帮助你调节紧张情绪：反复做几下深呼吸——这有助于你更快地平静下来，并使你的声带放松；转动你的头部和肩部，双臂向上做伸展运动——这将有助你放松整个身体，特别是对放松你上肢和颈部的紧张肌肉很有帮助；

在心中快速默诵你的信息，但不要试图重新彩排你的整个演说过程，只需用一点时间来确认你要表述的主要观点此时仍然清晰地留存在你的脑海中——这将有助于你集中注意力，避免因紧张而分神。当然，别忘了微笑——你会看起来更积极更自信。

大致拟好要传递的信息之后，演说的第一步就是要明确一个清晰而具体的战略目标。反问自己，为何要对听众发表这番演说？演说是传递信息最省时最省事的方法。如果发言既空洞无物，又没有一个明确的战略目标，那么就很难让听众专注于你并做出回应。反问自己，你想让这群人在你走下讲台后记住什么？你希望他们怎样感知到你的内心？简言之，你希望他们在听完你的一番慷慨陈词后做些什么？

如何让受众记住你的话

与人沟通并影响他人的最有效的方式，就是先要表明你了解并真正尊重他们的价值和情感关注。在开始组织你的演说主旨之前，花一点时间去考虑你将要面对的受众：他们是谁？他们到底对你了解多少？他们如何看待你？他们年老还是年轻、自由开放还是因循守旧？他们来自于哪儿？他们关心什么？什么能使他们彻夜忧心？什么会使他们激动异常？什么能让他们黯然神伤？又有什么会让他们笑逐颜开？对于你要陈述的观点他们是否早有评判？他们对你讲述的问题了解多少？他们期待从你这里获得什么？他们为何要站在那里听你讲话？你对于台下的听众了解得越清楚，对于他们的心理和情感揣摩得越透彻，就越容易回答他们必定会提到的两个最重要的问题：你说的这些与我有什么关系？我们为什么要付出自己的时间和精力来听你的演说？

大部分情况下，让一名听众记住你说的话甚至比让他们注意听你的演说更难。你可能认为你的信息是绝对重要的，而事实上这可能只是对你来说非常重要而已。但即使是最专注最富有同情心的听众，也不大可能记下你所说的每句话、每件事，更何况随着时间的流逝，原本记住的那些也会逐渐淡出记忆。实际上，即使是最富有感染力的演说，在结束半小时之后，大部分听众基本上只能记住其中60%左右的内容。而当他们回家以后，能回想起来的连一半都不到。一星期后，如果你足够幸运的话，他们也许还能记住大约 10% 你费尽心机讲述给他们的内容。

别担心，这不是你的原因。这是一个人性的问题，是整个社会的人都在渐渐减少对外界关注的问题。对此你无力改变什么，除了确保你的听众能记住那仅仅 10% 的剩余信息。如果你试图在一番陈述中说得更多，那么结果只会适得其反，听众能够记住的就更少。更糟的是，听众能够回忆起来的，也许还不是你认为真正重要的那部分内容。相反，一道简单的算术题却能够让人长久铭记。这说明，如果你将重点集中在一条清晰的、能够有效接近你战略目标的信息上，将大大提升听众记住你的讲话主旨的概率。当然，没有什么能够保证他们能记住你所讲述的任何内容，但是，如果集中于一条有效的信息，那就至少可以使听众记忆的概率提升到 50% 以上。这当然要比你试图去阐述 5~10 条观点，然后寄希望于听众能够记住其中的一条要好得多。虽然你无法控制听众记住什么，但至少可以控制自己说什么。说的更少就能够帮助你的听众记住更多。

一旦你头脑中有了明确的战略目标，慎重考虑了如何表述才能引起听众的关注，接下来也就到了预想他们问题的时候了。这绝不仅仅只是在为你讲话的最后问答程序做准备。如果一个问题没有出现在正式的会议议程上，或者碰巧没有出现在你的问答环节中，并不意味着它就不会被你的听众所想到。通常，那些没有被提到的问题对他们来说才更重要。所以，训练自己学会去预想你可能会遇到的最艰难的问题，仔细揣摩如果给你机会的话自己又将如何应答他们。与其等到演说开始后再去思考那些问题和听众的关注，不如提早做好准备。这只是另一种让你的信息贴近听众、贴近他们的关注、贴近他们的期盼以及促使他们做出回应的方式。说出听众未及言表的关注点，将会强化你的关键信息。根据听众的兴趣和关注给他们归类，然后针对不同的群体来决定你要讲述的内容。在心中大致盘算好你对他们的问题所能做出的更好的回答，然后搜集相关论据，并选择一些有代表性的例子来阐述你的观点。当你感觉自己已经对所有不同的听众都胸有成竹时，再有重点地列出你的各项信息。

绝不浪费一秒钟

接下来要考虑的是你不愿谈及的那些话题。尽量避免在你的陈述中混杂太多观点和例子，清除与关键信息不相关的外围素材。一场毫无必要的冗长演讲或陈述很容易让你和听众都精力分散。至于一次陈述到底时长多少才算合理，并没有明确的限定，但你需要记住的是，具体说话的时间长短并不重要，重要的是能让听众专注于你的陈述有多久。**理想的陈述时长应该是刚好能将你的观点阐述完，而不多浪费一秒的无效时间。**通常是时间越短，效果越好。

要预先考虑的另一个同等重要的问题是，无论听众多么强烈地发问，你都不能讨论的有哪些问题。出于某种原因你不能谈论某件事情，并不意味着你的听众也不关心或者不会要求你对其进行讨论，只要让他们找到机会，就足以使你措手不及。如果你对于听众如此关注的一个问题置若罔闻，或者在找不到任何合理解释的情况下仍然拒绝回答，那么你就是在传递出这条强烈的信息：你有事要隐瞒。如果你的问题显而易见，那么你最好还是主动说点什么有关它的话题，而不要一味地无视它的存在，那样只会将自己置身于所有人的怀疑中，听众会认为你故意逃避这么明显的问题，这简直是在侮辱他们的智慧。

在选择例证以及其他形式来支持你的关键信息时，应避免使用那些存在争议的材料，因为这可能会削弱你传递信息的效果。只要能调动听众的情绪，你做什么都没有错，但你千万不要以为仅凭一个例子就能捕获听众所有的注意，那样的话你就犯下了本末倒置的大错。永远要对可能让听众敏感的诸如政治、种族、性和宗教这样的话题保持警惕。在大部分情况下，最好还是不要去碰它们。要始终避免负面的东西，要时刻铭记——最有效的信息即使是在争议最激烈的场合，也总是积极的、正面的。

一旦你明确了对听众最重要的主题，那么就该专注于对你最重要的那条信息了。它应该是你想要阐述的主要观点，想要让听众记住的主要信息，应该置于信息金字塔的最顶层位置。利用信息金字塔去过滤冗余信息，然后将你最想表达的思想置于金字塔尖上。构思一段闪烁着思想火花、充满连珠妙语并且能被人长久铭记的话来简明扼要地概括你的信息，然后竭力去想你怎样才能将那条信息与听众感兴趣的话题联系起来。这样，你就不必为了过渡你的关键信息，而非得被动地等到听众提出下一个问题。

给你的观点“瘦身”

通常来说，为了全面地组织你的材料，逐字逐句地写出一篇演讲稿是很有帮助的。可是，当你真正站在讲台上面对听众时，就应该尽量避免逐字逐句地复述你的演讲稿。如果你对手中的材料已经了若指掌，那么你手头上真正需要的应该是一本“无字书”。涵盖你通篇演说轮廓的几个关键词就应该足以帮你勾起回忆，使你不至于洋洒千言，却离题万里。你必须谨慎地规划自己的演讲。所以，事先打草稿就等于为自己铺就了一条安全毯，使你不至于因为“大脑短路”而突然紧张。

对大多数演讲者最为熟悉的说话套路，就是：“1. 告诉他们你将要告诉他们的东西；2. 告诉他们；3. 告诉他们你告诉了他们什么。”想好了这些，你就开始着手从后往前地准备演说吧。首先拟定你的结论——你的忠告和建议、你解决问题的方案、你对人们的呼吁、你对听众最关注的问题的回应，总之，这将是你想要阐述的最重要的观点。即告诉听众你想让他们记住什么，在你的演说结束以后你希望他们做些什么。**一开始就归纳出你的主题，将有助于你的观点“瘦身”，有助于你抓住问题的重点。**

然后，便开始解决中间部分的问题。此处你要增加更多的细节材料，以辅佐你的主要观点；你要陈述其他听众的关注话题，从而将他们带回到你的关键信息。但你须小心，不要在你的演说参杂进过多的枝节问题或者过多的论据。你堆砌的材料越多，你的听众也就越难辨别哪个才是最重要的信息。

最后，再来书写你的开篇词。演说的开篇应该呼应结尾，在你提出任何支持的论据之前，应清楚地亮明你的观点。许多演说者一直忽视信息金字塔，他们组织自己的发言就像是拟订一份预算备忘录或法律简章一样。他们以大量的证据和例子开头，然后小心翼翼地推理出一个可替自己辩护的结论。但是，在今天人们的关注时长变得越来越短且注意力容易分散的时代下，听众必须在一开始就听到你的关键信息，否则他们不可能有耐心听完你接下来的论据描述。甚至更糟的是，他们可能在你还没开始阐述主要观点之前，便已将视线从你身上移走。生活就是这样的不公平，除非你能给你的听众一个信服的理由让他们耐心倾听，否则的话，这几乎就是一件不可能完成的任务。

从一开始就捕获听众注意力的一种方式，就是“抢夺”——用你的如簧之舌来调动人们的兴趣、强迫人们予以关注。而这些勾魂摄魄的“魔法道具”可能是个人的奇闻轶事、难以被遗忘的共同记忆、引人关注的案例注解或者有些夸张的慷慨陈词。

经典案例

抓住听众的注意力

传奇建筑师弗兰克·劳埃德·赖特（Frank Lloyd Wright）曾在匹兹堡发表的一篇名为“我所见过的最丑陋的城市”的演讲。谁知道赖特是否真对匹兹堡这座城市如此这般地深恶痛绝，但他无疑使用了一句界线分明的话抓住了听众的注意力，为他即将开始一篇关于这座城市的建筑遗产的发言奠定了成功的基础。那些身居匹兹堡的市民也许并不能听懂赖特在谈到建筑时的专业理论，但你能想象的到，他们肯定会认真聆听赖特接下来要讲的话。

一位教师曾经在一堂课开始之前，用一把勺子试着削苹果皮。这位聪明的教师是在用强烈的视觉图像来向学生们生动地解释——如果你试着使用错误的工具来完成工作的话，会发生什么事情。显然，用勺子削苹果这样一幅“不成功”的视觉图像，肯定比教师说出的任何语言都更有效。这是运用实物道具成功阐述观点的鲜明例证。

大多数人都是对最先听到的、最后听到的和他们最常听到的内容印象最为深刻。传播学家将这一规律称之为初始法则（primacy）、近因法则（recency）和重复法则（repetition）。所以，你要始终确保在演说刚开始和接近结束的时候尽可能有力地阐述你的主要观点。永远不要担心在这个过程中不停地重复你的主要观点会让人感到厌倦。反复提醒听众你所说的每件事都与你想让他们记住的关键信息有关。如果“重复”是出现在媒体报刊上，可能会让人感觉单调乏味，但在公众演说中却是收获成功的关键。

为耳朵而写

演说与陈述的目的都是为了让耳朵听见，而不是让眼睛阅读。听众永远也看不到你的教科书或者笔记，他们所能看到的是你以及你使用的所有直观道具。所以，在你准备演说稿时，应强迫自己大声地读出声来。最好的广播稿作者都是这样做的。他们想百分之百保证，写出来的东西不仅在默读的时候感觉不错，在大声地读给听众时仍能保持同样好的效果。如果你无法将手稿大声地、流畅平缓地朗读，那就说明，当你站在听众面前时很可能无法将信息有效地传递给他们。

为了解“为耳朵而写”和“为眼睛而写”之间的差别，思考一下，看看下面这篇电台新闻稿的节选段落是怎样被改写成适合默读的报纸文章，又是怎样被改写成适合大声朗读的演说稿的。

美联社原文内容（2006年1月31日）：

在经过一场决定最高法院未来走向的激烈斗争后，塞缪尔·安东尼·阿利托于星期二成为美国最高法院的第110位法官，这标志着现代历史上最重要的一场党派之争落下帷幕。阿利托在选举通过后不久即宣誓就职。

参议院以58票赞成、42票反对的结果批准阿利托，这位前联邦上诉法院法官、里根政府时期新泽西州的联邦检察官和保守党律师，接替退休的温和派女法官桑德拉·戴·奥康纳。

参议院中，共和党人除一人外全部投了赞成票，而民主党人除四人外则全部投了阿利托的反对票。

改写后可大声朗读的演说稿：

塞缪尔·阿利托已获准成为美国最高法院的第110位法官。

阿利托于星期二上午由参议院投票选举成功。

票数对比为58票赞成对42票反对。

在阿利托选举成功前，最高法院内部刚刚经历过一场激烈的关乎未来的党派之争。

阿利托接替的是退休的桑德拉·戴·奥康纳法官。

奥康纳法官在最高法院中长久以来一直是一位温和派人士。

阿利托是前联邦上诉法官。

阿利托还曾于里根政府时期担任过他的家乡新泽西州的一名联邦检察官和保守党律师。

在参议院共和党人中除一人外全部投了阿利托赞成票。而民主党人中除四人外全部投了阿利托反对票。

阿利托在选举成功后即宣誓就职。

要点基本相同的信息被纳入到两个不同的版本中。后一个版本的目的是为了便于大声朗读，所以使用了简单的陈述句，且替换掉了原有的代词。虽然以文字形式将其书写出来感觉有点奇怪，但若是换作大声朗读，那么感觉会比最初的版本更加自然。

在为耳朵而写的时候，句式文字一般要保持短小简洁。简单的陈述句也许看起来零零散散，过于杂乱，但它们是向现场听众阐述观点的最有效的方式。无论何时，应尽可能使用主动语态，避免使用代词。在报刊上，代词常常是在需要反复使用的专有名词时的理想替代者。但现场听众并不需要这种打断思路的奢侈品，他们奢望的只是能与前面的内容进行直接的对比。你不能指望他们记住你那些代词所指代的每一个专有名词。对他们来说，要跟上你的思路简直太难了。

对演讲者来说，为了强调而进行重复，始终是最具说服力的工具之一。回想马丁·路德·金那篇题为“我有一个梦”的最负盛名的演讲。

金博士一遍又一遍地重复着他那句脍炙人口的名句，反复强调着他的关键信息，结果这句话很容易便被记住了，并且几乎不可能被忘却。金博士想让我们记住他的梦，半个世纪后我们仍旧没有忘记。诸如“我有一个梦”这种真正令人难忘的演说也教给了我们另外一条重要的经验：如果要在诗歌与散文两者间进行选择，伟大的公众演说者更青睐前者。**杰出的演说者常会关注他们语言的音律和讲话的节奏，他们很在意自己的声音。**不管你朗读的文章写得如何，在你大声地朗读那些文字的时候，一定要使听众的耳朵听得到它原有的精彩之处。尽管朗读一篇文章远不会像真正发表一番演说那样让人兴奋地尖叫，也很难使现场的听众记住你所述说的内容，并对你想阐述的观点做出回应。

据说曾经有一次，在一场高层军方情况通报会上，英国前首相玛格丽特·撒切尔在她的一位将军刚刚开始一篇正式陈述不到几秒钟，就打断了他。首相问道：“你在读报告吗？”当这位将军回答的确如此时，撒切尔夫人立刻叫他停下来，并要求这位将军把手中的讲话稿递给她。撒切尔夫人用这种刻薄的方式，非常清楚地告诉大家——她可以用更快的速度来看这份书面报告。除非这位将军的肢体语言或演讲方式能够为他的陈述增加一些重要的补充，否则的话，他就是在强迫大家来听自己朗读，就是在浪费首相宝贵的时间。

要使讲稿中生涩的部分变得流畅起来，可以使用一种叫做“桌面朗读”的方法。与另外一人面对面隔桌而坐，然后逐行朗读你的演讲稿。如果你在某一句话上被卡住，那就重新再试一遍。同时想一想，为什么自己念到这行时会出现问题。如果必要的话，可对这段文字进行修改，将其改成你任何时候都能轻松顺畅地说出的一段话。仔细揣摩你强调字句的方式，在你的讲稿中标出想要强调的内容和想要停顿的地方。确保聆听你朗读的那个人能够清晰地理解你所说的每一件事情，并能按照你的预期做出反应。请记住，你了解某一句特定的话且能够流畅地将其表达出来并不意味着他人能理解你所阐述的观点。

好故事胜过千言万语

讲故事应具有鲜活的视觉感。这不仅能使大部分人更容易记住你讲述的内容，而且还会在人们的脑海中留下直观的视觉形象。想想伊索和他的寓言故事。当伊索想要阐述“从容而稳定能够赢得比赛”这一抽象概念时，为了能够让他的听众记住，于是他创造出著名的“龟兔赛跑”的故事：一只敏捷但缺乏斗志的兔子同一只踏实却显得笨拙的乌龟之间的赛跑。伊索要阐述的观点能这般容易地被我们大多数人所理解并记忆，主要还得归功于这样一幅有违常态的视觉图像，即一只乌龟同一只兔子进行赛跑，结果却是乌龟取得了胜利。

当《创世纪》的作者们想要阐述这个世界上“罪恶”的概念时，他们讲述了一个关于“诺亚方舟”的故事。上帝对人类在地球上犯下种种罪恶不满这一概念几乎没什么新意。但对大多数人来说，那些从洪水中被拯救的动物成双成对地跳上甲板的画面比任何传教布道都更加令人印象深刻。无论哪个故事，它们的任务都是相同的，即都是要让听众聚精会神地聆听、全神贯注地投入。如果说，一个令人难忘的故事能够给《圣经》增添辉不少，那么对于我们普通人来说，这个方法也一样好用。

第5章

如何让你的演讲更精彩

你只需锁定一名听众

1992年在与比尔·克林顿的论辩中，
老布什犯了什么错误？
客户精心制作的幻灯片，
为什么我们要让其放弃使用？

TAKING THE STAGE

任何伟大的传播家都不是在一夜之间修炼而成的，而任何震烁古今的名篇演说更不是灵机一动的偶得之作。用正确的方式准备正确的材料才是成功的密钥，而反复的强化练习则是修炼成传播高手的不二法门。另外，再辅之以几种简单的身体技巧，可以拉近与现场听众的距离，吸引他们关注你所讲述内容并做出良好的反应。我们大多数人，都比较习惯与一两个人面对面地交谈。我们每天都会这么做，也从来不去思考为什么会这样。但是，当一个更大的群体出现在你面前时，你立刻就变得紧张起来。单个人是你熟悉的，而一群人则引起了你的恐慌。但是，如果你停下来稍微想想，任何一群人，无论这个群体有多大、多让人生畏，不都是由许多个个体组成的吗？你不必去面对那整整一群人，也完全不用尝试去面对他们。也就是说，你不用去面对人群中的许多个个体，相反，每次将目光集中在其中的一人身上即可。而要实现这一目标的最好方式，就是通过他们的眼睛。

目光接触的秘密

常言道：眼睛是心灵的窗口。对于一名演说者来说，眼睛就是与听众进行沟通的首要和最有力的工具。双眼能够传达你的澎湃激情、你的如火热情，还有你的无限真诚。而听众的双眼，总是在不知不觉中追寻着那些能刺激他们视觉的东西。我们将这些能引起听众注意的东西称作“房间里的新闻”。因此，要一刻不停地去获取他们的注意，并始终让听众的视线停留在你身上绝非易事。所以，你让听众看着你的眼睛，不断练习通过与个体听众之间的眼神交流来保持他们的注意力。

我们现在就来说说该如何做。当你站在一群人面前准备讲话时，绝不要急于开口。双唇闭合，目视听众，直至你的目光落到人群中的某一位听众身上为止。不管你注视的人是谁，只要他能够看见你，而你也能看到他。然后，你将双眼锁定他的目光，看着他并确信他也在看着你。那些没有看着你的人或许也在听你讲话，但如果没有强烈的、持续的、直接的眼神交流，你就很难深入有效地与他们进行沟通。只有当你确信自己已经通过双眼与某位听众进行了交流后，再开始讲话。直接对着那个人演说并忘掉房间里其他人的存在。将视线完全集中在一个人身上，直到把某个观点彻底地表达清楚，并且能肯定他已经吸收了你的观念。到这时，你才可以将目光转移到另外一个人身上，然后再重复同样的事情：锁定他的目光，确信他在全神贯注地看着你，然后，开始讲话。

一个完整的观念可能是几句话，也可能是一句话，当然，也可能只有几个字。但无论如何，问题的关键是你要在阐述这个观念的同时，保持与你选定的那位听众的眼神交流，至少要等到你感觉这种对视有些过久为止。当然，这个时间长度要恰倒好处。**永远不要在你说话时，将目光在不同的听众之间来回游移**。这样做的结果只会让你的演讲更难收获好的效果，因为你这是在迫使自己和听众不断地变换视觉焦点。

在一小群人中，你可以很容易地与房间里的每个人进行这种眼神交流，而且也理应做到这些。但是，在面对一大群人时，这几乎不可能。然而，那怕你只是与房间里的一小部分人进行这种持续的眼神交流，也还是会给听众留下一种强烈的印象——你乐意与全体听众进行交流。当然，只要你不是徒劳地将你的目光在房间里扫来扫去，企图在同一时间看到所有人，那么，这招就很好用。事实上，用视线扫遍整个房间，只会因过多的视觉信息而增加大脑的负担，想要面面俱到的结果就是一无所获。而且，这样做也会加剧你的紧张情绪，很难让你轻松自然地与听众进行沟通。除非听众此刻正用眼睛紧盯着你，否则的话，他们根本不可能靠耳朵来获取多少信息。

千万不要左顾右盼，这会使你看起来很紧张、缺乏稳重且让人生厌。也不要看你的手表，也许你只是想控制讲话的节奏，但听众会认为你已经迫不及待地想从这场演讲的折磨中解脱出来。一种更好地控制时间的方式，就是把你的手表或一个设置了静音的小闹钟摆放在桌面讲话稿的旁边。还记得1992年老布什总统与挑战者比尔·克林顿之间的那场论辩吗？老布什总统被摄像头捕捉到看手表的动作。这个再平常不过且多半可能是下意识的动作却传递出对他本人很不利的信息——总统对这场辩论感到厌烦。大多数投票者都希望他们支持的政治家表现得更加专注和投入。而你的任何听众，对你的期望同样如此。

如何正确使用幻灯片

在传递某种信息时，如果能让听众“看到”信息，那么其效果将远胜于他们听到的一切。人们储存在大脑中的信息，90%都来自于视觉上的直观印象。因此，使用诸如幻灯片、图表等其他视觉教具，能使任何演说变得更加生动形象。当然，一场演说最终成功与否，或者到底能发挥多大的作用，绝不能完全依赖于让人眼前一亮的视觉教具。这些教具的确可以帮助你向听众传递信息、增强信息的说服力，但是，即使是最好的教具，也抵不过一条有效的信息。

所以，视觉教具永远不应该成为听众视觉关注的中心，绝对不要让它们将听众的注意力从你身上转移。它们只应是用来帮你阐释观点的一种辅助工具。最成功的演说者通常都是尽可能少地使用这些教具。作为一名演说者，你应该始终是“房间里的新闻”。你必须成为听众的关注焦点、视觉中心。如果听众的心思长时间地停留在那些一闪而过的幻灯片上，那你可就惨了。而在你意识到陷入麻烦之前，你可能已经随着播放的幻灯片一起，被听众当作一个只见张嘴不闻其声的木偶丢到角落里去了。

听众之所以来到你的面前，是为了看到你、听你这个活生生的人发表演说，而不是为了被关进一个漆黑的房间里去观看幻灯片。在网络技术空前发达的今天，人们通过网络虚拟会议就可以更加便捷地做到这点。因此，无论图像技术有多么复杂，你的幻灯片和其他视觉教具只有一个目的：服务于你和你那些不得不讲述的内容。

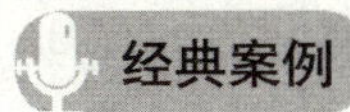

放弃使用幻灯片

我们公司曾经接待过一位有着非凡魅力的 CEO，他想要用一场演讲来鼓舞他的团队。说实话，他既不是个异想天开的浮华之辈，也不是个喜欢四处鼓噪的“吹风机”，从传统观点来看他甚至都不能算是一位伟大的演说家。但是，他能吸引听众的注意力，能像其他任何人一样清晰地阐述自己的观点。

但是，他的公司有一个传统，就是在任何会议上都必须使用幻灯片。因此，尽管我们建议他放弃使用幻灯片，简单直白地直入主题，但这位 CEO 还是不能违背公司的传统。结果，他在演说的过程中发现，自己不得不去跟自己播放的那些幻灯片去争夺听众的注意力。虽然，事先我们已经着意控制那些幻灯片的数量和复杂程度，并且给了那位 CEO 一些如何将听众的注意力从那些幻灯片收回来的建议。

在使用投影幻灯片时，你要确保所有听众既能清楚地看见幻灯片，也能看到你。在保证能看清幻灯片的前提下，尽量保持室内足够明亮。如果你对演说过程中保持光线充足的重要性表示怀疑，只需想一想父母是怎样让一个活泼好动的宝宝入睡。其实，他们的做法很简单：把屋里的灯光调暗，然后给宝宝讲故事，直到他们打起瞌睡。

但是，你不能那样做，你要做的应该是尽量让你的听众保持清醒，以便于他们能仔细倾听你的演说。否则，后果不言自明：在昏暗的光线下，你的听众随着你播放那些幻灯片开始昏昏欲睡。我要告诉你们的是，这样的事情我都记不清见过多少次了。

好图胜过文字

在使用幻灯片或者其他图片时，应尽可能地使其简单。试着去运用下面这个“4×4 法则”：一共 4 条线，每条线不超过 4 个字。这在理论上，相当于每幅幻灯图片所包含的信息量，应该等同于一位正以时速 40 英里前进的司机能够从一幅路边广告牌上获取的信息。所以，绝不要试图在任何一张幻灯片上添加过量的信息，将你的信息逐条切分，让它们更醒目地呈现在听众面前。在你使用幻灯片时，请务必切记：**只要图片本身能表达清楚的，就绝不要再使用文字，一幅好图胜过千言万语。**

因此，无论何时都应尽可能使用简单的图片，控制每张幻灯片上的文字量，通过强烈的视觉冲击来增强你演说的效果。你要确保你的幻灯片简单、有趣，尺寸要大到让在场的每一位听众都能看得清楚。在演说中，尽量删去那些相对复杂的材料，留待演说结束后作为补充材料分发给听众。但有一点需要注意：绝不要在演说尚未结束前，就急于将这些印刷品分发下去。那样的话，你不仅要同屏幕上的幻灯片进行斗争，而且还得付出更大精力将听众的注意力从那些印刷品上夺回来。总之，在你进行演说的时候，要尽可能消除各种分散听众注意力的因素。另外，在使用幻灯片进行演说时，你要在身边准备一份幻灯片的副本。这样做的好处就是，即使你在幻灯片演示的过程中出现严重的技术性失误（这种意外时有发生），你仍然能够从容不迫地将你的话题继续下去，就好像什么事都没有发生过一样。

图示种种

并不是你设计的每一幅幻灯片都同样有效。某一幅图片在屏幕上看起来效果还不错，并非就说明它能帮你清楚地阐释出你的观点。复杂的系统通常可以被简化为一幅通俗直观的图表，让人一目了然。

下面这幅华盛顿特区地铁系统的地图，就是将各种不同的信息融汇成一幅二维空间示意图的典型。

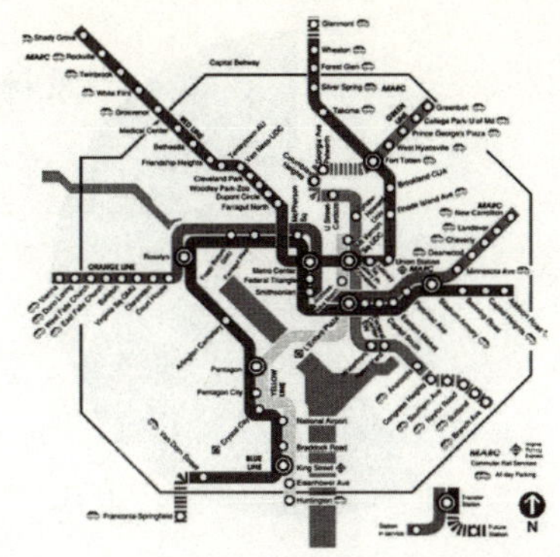

图 5-1　华盛顿特区地铁系统

一幅简单的柱形图常常是阐明同类数据对比关系的最好方式。

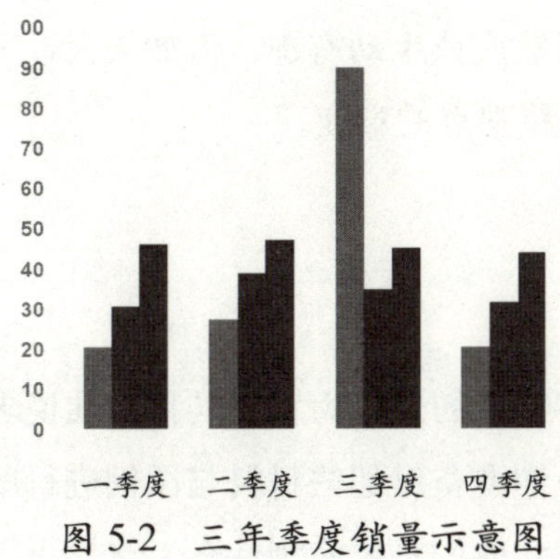

图 5-2　三年季度销量示意图

线形图则是阐释一段时间内某种趋势的有效方式。

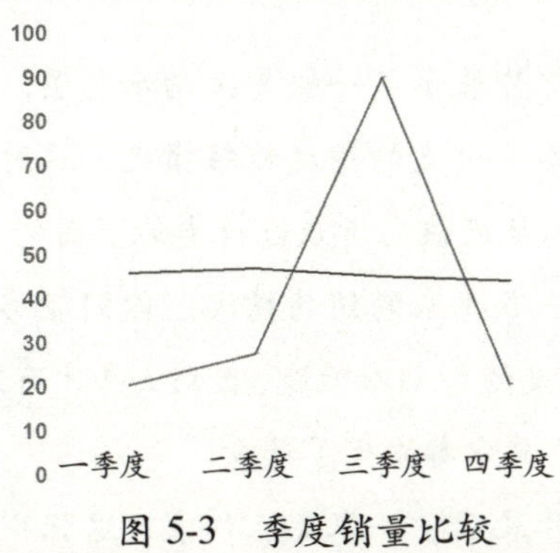

图 5-3　季度销量比较

如果你要展示给听众某样东西是怎样被分割的，那么饼形图通常是最好的方式。

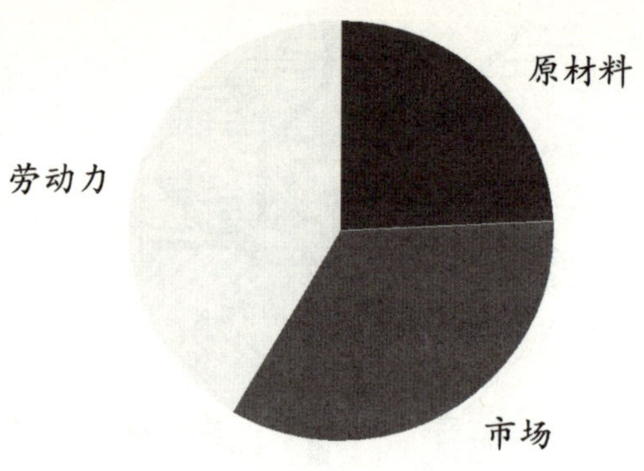

图 5-4　成本构成示意图

当在选择图示和视觉教具的时候，简洁明了应始终是你考虑的第一要素。你的视觉教具当然应该生动有趣，但如果太过繁复精细，事实上反而会增大你向听众阐释观点的难度。

如何介绍幻灯片

这里有一种能够将听众的注意力重新转移到演说者的技巧，这就是“介绍”。这其实就是在你准备对那些材料与图例进行阐释之前，一边播放幻灯片，一边告诉听众他们将要看到什么。这样可以消除画面本身可能给人造成的神秘感，使听众不至于将精力过多地分散在你的教具上。

例如，你的幻灯片展示了一幅复杂的示意图，这副图描述了过去 5 年你们公司各个分支的年度销售情况。这时，只要幻灯片一出现在屏幕上，你就应该向听众进行类似下面的介绍：“这幅图表描述的是我们过去 5 年来的销售情况。你们能够看到，我们刚开始时高开高走，但是随即陷入低迷，直到去年才有所好转。现在，让我来向大家解释这其中都发生了什么。”

如果你的幻灯片展示了一张要点列表，这张列表总结你们部门在即将到来的年度要面临的主要财政挑战，那么你可以对听众这样说：“这幅幻灯片描绘了我们在明年将要面临的四大挑战——

销售增长、成本控制、人员招募以及新的竞争。现在让我们逐条分析。”

无论你的幻灯片如何复杂，当你的听众对你要陈述的内容有了一个大致的认识，他们就不会由于揣摩每个要点的详细内容，而分散了对你的关注。因为他们已经掌握了你的主要信息。

对每幅幻灯片材料的简单总结会帮听众理清主题，让他们将关注的目光集中在你身上，聆听你解释这些材料是怎样与你要阐述的战略要点发生联系的。现在，你可以不受幻灯片的束缚，自由安排演说的顺序，甚至可以忽略其中的某些幻灯片。反之，如果你不能交代清楚幻灯片上的内容，就相当于迫使听众始终盯着那些画面，费尽心思地去揣度呈现在屏幕上的材料。此时为了能够有效传递信息，你将不得不竭力重新吸引他们的注意力。但遗憾的是，通常总是那些图示赢得这场竞赛的胜利，而你和你的信息被无人理会。

无论如何你都要切记，我们这里所说的对幻灯片“恰当的介绍”与简单地将其主题念给听众听是截然不同的两回事。比如前面曾提到的撒切尔夫人的故事，而对于大多数人来说，他们都能以更快的速度自己阅读完那份报告。当然，如果你给了他们这个机会，那他们肯定会毫不客气的。总之，千万不要指望那些视觉图象能够代替你实现全部的工作。即使是最吸引人的视觉教具，如果你无法运用你个人的活力、口才以及激情，那么它们就很难发挥出理想的效果。同样，即使你能够驾轻就熟地使用一些别出心裁的幻灯片，也并不意味着你就可以将眼神交流和肢体语言抛到一边。当你站于幻灯片的一旁进行演示时，运用有力的眼神交流与尽可能多的听众进行沟通甚至更为重要。

先转身再讲话

当你在演说时，我不得不提醒你的是“先转身再讲话”原则。具体操作是这样的，当一幅新的幻灯片或挂图出现，你必须对其进行介绍。如果你只使用单幅图示或者只在一个小群体面前演示的话，那便是一件非常简单的事。你只需伸伸手，点点你身边的挂图或屏幕。但是，当你身处一个更大的演说空间，使用一个更大的演示屏幕时，对演说者的要求会变得更为“复杂”。为了引起听众注意，你需要指示图片。这时你借助的工具应是你的手，绝不要使用其他指示器，特别是激光指示器。这些高科技的小玩意儿虽然使用起来有趣，但在屏幕上不停跳动的那个小红点，除了将听众的注意力从你和你展示的那些材料上移走之外，对你没有任何帮助。

在正式开口演讲前，先转身面向你的听众，然后将目光锁定在某一位单独的听众身上，并与之建立起眼神交流。记住这个程序：转身，再讲话。这将会帮你避免在背对着听众时不能有效地传递你的信息。如果你需要在一幅挂图上写写画画，也要按照同样的程序：**先写，再转身，然后再说。千万不要尝试边写边说的做法**。在播放 Flash 时，也同样如此。在确定屏幕上逐渐显现的文字全部都出现后，与台下的某一位特定听众建立起了眼神交流，再开始你的演说。否则，屏幕上的内容将会干扰你的演说，因为对于听众来说他们很难把注意力集中在你和你必须陈述的信息上。

当你面向一群人进行演说的时候，要尽量站在距离挂图支架或幻灯屏最合适的位置上，一般要将教具放置在你的右侧。因为，无论画面上的内容是什么，按照人的阅读习惯，听众都会按照从左到右的顺序进行阅读。在他们看完每一行之后，其视线便会自然地重新回到画面的最左端，也就是你站立的地方。在你演示教具时，不要从挂图支架或幻灯屏旁走开。一旦你走开，就将难以抓住听众的注意力。这将迫使听众的视线不断在你和你的教具间进行选择。以使用 Flash 为例，在以往太多的案例中，Flash 往往最终抢走了听众的注意力，而你会发现听众根本没有听你在说什么。

打个比方，你进入了一个小酒吧，里面有一台电视机正在播放节目。即使是完全关掉了声音，房间里的每双眼睛还是会不时被不断闪现的屏幕所吸引。只要电视的图像在不断变换，不管播放的是什么，那多半都能吸引房间里的眼睛。这时无论你多有激情，也不管你的信息有多么重要，要想在这种氛围中抓住所有听众的注意力，都几乎是不可能的。所以，在你使用挂图或幻灯片进行演示时，最好让它们尽可能离自己近一些，从而使房间里的所有眼神都能自然而然地集中在你的身上，使你能够更加容易地对你展示的内容进行讲解。

当你使用纸质挂图时，应在每两页插图之间插入一张白纸，否则的话，前后相连的几幅画面可能会同时闪现，继而分散听众的注意力。因此，在你开始演说之前，最好先将每页插图的左下角折起，以防止前后插图黏连在一起。这样可以使你在演示过程中更容易依次翻开每一页。另外，在开头的第一幅挂图之前也要留出几张空白页，以确保听众不至于在你开始演示之前就分散注意力。在使用投影幻灯片时，你也要在最前面设置标题页或空白页，以使听众的注意力不至于在你开始演示之前就分散了。同样，在演示中间你想停顿下来的地方，也应插入一幅简单的用以占据位置的幻灯片，从而帮你重新获得听众的关注。如果屏幕上没有什么能够吸引视线的有趣画面，那么听众除了将目光转向你以寻求新的信息和视觉刺激之外，将别无选择。记住，对你来说最重要的是，使听众的注意力总是集中于你的身上，而非你的那些视觉教具。

善用肢体语言

一位海军陆战队将军曾经说过，“态度比事实更重要”。他的意思是，如果你们真的相信你们能够攻占那座山头，那么你们就多半能够做到，即使敌军数量几倍于你和你的同伴。这个道理同样适用于传播。为了使你的信息能够顺利地传递给受众，你必须怀着非常积极的心态，这不仅要从你的语言体现出来，而且要通过你的整个身体反映出来。不管是通过声音，还是肢体语言，你都必须释放出你的激情，阐述清楚你的观点。

你的形体姿态，听众对你的评价，及其他许多细小的因素，形成了你让人无法磨灭的第一印象，因而你始终都要表现得积极自信。事实上，听众对于你的评价，通常超过 50% 都是来自于视觉感官（听众对你行为举止的评判），有不足 40% 的部分是来自于听觉感官（听众对你声音的判断），另有仅仅 10% 来自于你的语言（你实际表述的内容）。如果你不能有效使用肢体语言的话，那它就会对你形成干扰，分散听众的注意力，不断地破坏你的信息。肢体语言既能帮助你的陈述，也能破坏你的陈述，所以绝不要草率为之。最简单的道理就是，**对听众来说，你“怎样说”常常要比你“说了什么”更加重要**。而你怎样从形体姿态上表达你自己，则是整个传播过程中至为关键的一环。

脑子里有了这些，下一步就是学习让你的整个身体都来帮助你传播信息。肢体语言不仅要用到你的双手，还要用到你的脸和眼睛。这在一个大型会场或在电视直播中，显得尤为重要。摄像机肯定会不时地推近镜头进行局部特写，所以你要确保你的肢体语言得体合适，时刻准备好面对特写镜头。你已经充分准备好了演说的内容，进行现场演说时，有效运用肢体语言的最佳方式就是做回你自己。让自己表情自然，跟平常没有什么两样，让自己看上去充满活力。不要缩手缩脚战战兢兢，不要单纯指望用你的声音去传递你的信息。要学会调动你的整个身体，投入到你的传播中去。尽可能去除你的紧张情绪，然而过度抑制自己内心的紧张，只会损耗你的能量，严重影响你的传播效果。如果你不让自己的紧张情绪自然地释放出来，那么你只会变得更加紧张，精力更加难以集中。反之，如果你能将这种情绪舒缓地释放出来，那么你将从中受益。

手势语

有些人可以把手势语用得得心应手，而对于其他一些人来说，情况却不是这样。提到手势语，你必须做到的就是要让自己感觉“到位”。如果你对自己“用手说话”时的感觉不够舒服，那就绝不要勉强为之。机械的手势，看起来只会让人感觉呆板，过犹不及。所以，要时刻注意让自己的手势语自然流畅。无论什么样的手势，都必须能帮助你与听众之间建立联系，帮听众记住你所说的一切。让你的整个身体参与到演说中，不仅有助于解释你的核心观点，而且还能让听众感受到你是多么全情地投入演说。

例如，你可以使用手和手指列举要点；你可以使用手描绘一个物体的形状和大小，甚至一个抽象的概念；你可以使用手和手指指出任何一个方向——上下左右；你也可以使用手进行比较——这个大，那个小……无论你要阐述的观点是什么，都要尽可能用手势“描绘”出来。在演说过程中，你要尽可能多地通过形体和手势语言将你的激情释放出来，继而使你的语言更有力度。同时你要记住，在运用手势语的时候，房间的大小十分重要。越是大的空间，就越是需要更大幅度的手势来将你的信息传递给所有的听众。你要确保即使是最后一排人也能清楚地看到和理解你所运用的手势。即使一些大胆的手势语并不符你惯常的风格，你也要确保你能够挥洒自如地运用手臂、双手及身体的其他部分来解释、支持你的论点。即使你使用了幻灯片等视觉教具，你仍要准备好用手在空中比划出某个形象的画面。 在于听众沟通的时候，你的动作和手势其实比任何最具想象力的图画、道具和幻灯片都更加有力。从古至今，还没人能制作出能够同人类自身具有的传播工具相匹敌的挂图或幻灯片。

说到这里，我想起了几年前的一件事。当时，我们公司承接了一桩生意，帮助一位 CEO 面向他的全球销售队伍发表的一个重要演说。这位 CEO“全副武装”地带着他最新的幻灯片来参加我们的培训。但是我们几乎立即就看出来，他打算使用的那些幻灯很明显全都不合适。它们对他想要谈论的话题根本不起任何作用，并且他本人也知道这点。但是这个培训仍然得进行下去，而我们无法在这么短的时间内再去设计一组新的幻灯片。

我们既不能打退堂鼓，也不能择期再议，而只能对客户提出我们的建议：把他的幻灯片丢到一边，站在空白的墙壁前发表演说，就用他的双手在空中比划出各种图形来解释他的主要观点。正如你想象的那样，这位 CEO 起初对此有点疑虑，但他并不是个固执的人，很快便决定采纳我们的建议。后来，那种意想不到的良好效果令他深感诧异。通过这次经历，他亲身体会到，一个激情澎湃的人完全可以在不借助任何技术手段的情况下，出色地完成一场令人荡气回肠的演说。无论你演讲的内容是什么，恰当的手势语甚至比最漂亮的幻灯片都要有效。我们的客户在那一天学到了非常重要的一课：他的激情、他的个性、他那富有感染力的真情演绎，以及他与现场听众的情感互动，对于那些需要沟通的人来说，都远比任何有形的幻灯片都来得更加直接、生动、有力。

姿 态

漂亮的姿态可以使你看起来充满自信和活力。要发表一场引人瞩目的演说，最好的体态，就是身体笔直地站立、双肩放松、两脚分开且与肩平宽，这样可以保证你体内的能量充盈，自由流淌到肢体的各端。当你开口讲话时应保持直立的姿态，这有助于你的气息畅通无阻，而站立则能保证你体内的能量发挥出最高水平，同时亦使你看起来体态更加自然。绝不要双手插兜，这样会让听众觉得你漫不经心。也不要将双臂抱于胸前或背在身后，这样看起来会给人一种防御者的架势，会在你和听众之间设置不必要的障碍。站在原地，不要走来走去或移动你的双脚。在讲台上不停走动或边走边说，看似场面活跃，实际却会消耗掉你的能量，使听众难以将注意力集中在你讲述的话题上。不要急于开口，而应认真审视台下的情况，直到你确定自己已经成为视觉中心，并与听众席上的某位听众建立起稳固而持续的眼神交流后再开始你的激情演说。

如果你使用演讲台，那么演讲台就应当是整个房间里的视觉中心，而不应该成为你与听众之间的障碍。不要靠在演讲台上，那儿只是你放笔记的地方，而不是倚靠身体的地方。不要费心思考虑你是将身体靠在演讲台前还是藏在其后，你真正需要考虑的是，如何使用有力的形体语言来支持你的信息。如果你正坐在某个座谈会的现场参加讨论，那么正确的姿势应该是以你的后背顶着身后的靠椅。这个姿势会推动你的上身前倾，使你看起来更加投入、对讨论的话题更有兴趣，同时也能让你的手空闲下来随时做出各种手势。

在你的演说开始之前，尽量先熟悉一下你周围的环境，要确保你身边的环境有利于你。提前做好各项准备工作，仔细检查你要使用的麦克风和其他音频、视频设备，想好自己应该站在台上的哪个位置、以何种方式向听众介绍自己或者由谁来介绍，尽量消除掉可能对你的演说造成干扰的一切因素。给演讲主持人一份简短的书面介绍材料，不要指望他们会通读你的履历或者详细资料，他们也许只是将你的介绍材料从头至尾地念一遍，让听众感觉无聊透顶。尽量提前就预想好，在你离开讲台之前可能会被问及哪些问题，以及如何回答。

面部表情

你肯定希望自己的面部表情能支持自己正在阐述的观点。以下便是在使用面部表情时，你需要记住的几件事情。这些事情执行起来非常简单，却相当重要。例如，**即使你没有对听众灿然一笑，也不要皱眉**。皱眉将会在你和听众之间，设置某种无形的障碍，从而削弱与他们进行眼神交流的效果。微微扬起你的眉毛，使你的面部看起来更舒展。这种方式可以使得房间里尽可能多的听众能够清楚地看见你的眼睛，从而使交流变得更容易。

如果你的演说正在被电视直播的话，那么面部表情就更加重要了。电视会放大你的面部特征，包括你的皱纹和眼圈，会把你脸上的一切暴露在镜头面前。当电视画面拉近时，哪怕你一个下意识的微妙表情，看上去也可能让人感觉你极端愤怒。所以与准备任何手势一样，监控与调整自己的面部表情的最好方式，就是在一面镜子或录像机跟前反复练习演说。而且，在练习的过程中，你还要像其他人审视你一样审视你自己。

如何声情并茂地诵读文稿

在大多数情况下，你只是使用预先准备好的纸质文稿进行发言，而没有提词器的帮助。但是，要做到这点并非易事，即使是对那些有着丰富经验的演说者来说也同样如此。因为你很难做到一边与台下听众进行眼神交流，一边看着打印出来的文稿发表演说。尽管如此，这其中仍然有着一种非常有效的技巧——我们称之为“速读抓词”。通过反复练习，你就能在阅读文稿的同时，又能与听众保持重要的眼神交流。

在练习诵读发言稿时，你应尽量将文稿缩减为足够精炼的短语，以便能一眼看完并且记住。对于我们大多数人来说，大约以半行文字或者一个短小的句子为宜。练习的时候，先低头看你打印的文稿，句子长度应当是你刚好能够看清楚并能记住为宜。然后抬起头，与台下的某位听众进行眼神交流，并说出那个句子。然后再低头看下一个句子，再抬头将其说出，如此反复。这样做的最主要的目的，是为了在你讲话的任何时候，都能与听众建立和保持眼神交流。即使是在你将要逐字念诵时，你也要先与某位听众建立起持续的眼神交流再开口。

运用这个技巧需要不时停顿，最初可能会让你感觉不自然。但只要在你的每次停顿后听众能够听到某些有价值的信息，他们就不会介意。反之，如果在你演说的过程中吱吱唔唔，听众将无法保持注意力。如果你只是将准备的稿子通读一遍，并在这个过程中既不抬头也不与听众进行眼神交流，那么无论你的语言多么气势磅礴、多么意味悠长，听众很快便会转移他们的视线。如果你不看他们，他们为什么会有义务看着你呢？**如果他们的眼睛不盯着你，那他们的耳朵也不会听你的发言**。所以，除非你与某些听众建立并保持稳定的眼神交流，否则，他们的注意力很快就会转移到房间里其他任何新鲜有趣的事物上。即使在你无法脱稿的情况下，也要想办法让听众的注意力集中在你和你想要阐述的观点上。

使用文稿标志

一般来说，在你的文稿或者笔记上用简单的视觉符号进行标志，常常都很有用处。通过这种方式，可以帮你在演说过程中将手势和语音的变换合理地搭配起来例如：

用箭头 ↑　↓ 表示升调或者降调。

用单斜线 / 来表示暂停。

用双斜线 // 来表示完全停顿或长时暂停。

用下划线 ____ 来表示你想要强调的词句。

今天活着的人中早已没有能够记得亚伯拉罕·林肯在发表他那篇著名的葛底斯堡演讲时的声音。但在这里，我们却能看到他是怎样在演讲稿上标志出他的开场白的。

↑ 87 年前，/ 我们的先辈在这个大陆上建立起一个崭新的国家。/ 这个国家以自由为理想，他孕育于自由之中，/ 以致力于实现人

人享有天赋的平等权利为目标。奉行一切人生来平等的原则。//

↓目前/我们正在进行一场伟大的国内战争/以考验我们的国家，/或者任何一个/有着同样理想与目标的国家/是否能够长久存在下去。

大声地将你做有标志的文稿念出来。你要记住，常规的标点符号都是不用读出声的“文字”。当你对现场听众发表演说时，听众是看不见文稿的。因此，你必须依靠你的声音，表现出所有的标点符号。当你对一名听众说话时，你的目标就是尽可能自然地与对方进行交谈。短句是很好的选择，而平铺直叙式的机械讲述则不可取。另外，除了要在文稿上下一番工夫之外，你还需要花一些时间在镜子或者录像机前反复演练自己的表述。如果可能的话，最好是在你的朋友或合作者面前进行练习，并征求他们的意见反馈。看看通过你对声音的调节、自然释放出来的激情以及与听众的眼神交流，在多大程度上吸引了他们的注意。

使用提词器

起初，电子提词器仅是政治家、新闻主持人和电视节目演播间的专用品。但是近些年来，这种简单、可靠且相对廉价的电子提词器谁都可以使用了。对于任何要在大庭广众之下发表演说的人来说，电子提词器都非常适用。当然，要想发挥电子提词器的效力，你需要清楚地知道提词器能做什么、不能做什么。

现代的提词器主要分为三种类型。最常见的一种，是在距离讲台几步远的地方，与演说者眼睛等高的位置摆放一个用支架支起的屏幕。每年总统在国会前发表国情咨文的时候，你都能看到这种提词器。另一种相对较为少见的“变种”，是将一个或者多个大型电视监视器放置在距离演说者稍远的地方，通常是在讲台前面的地板上或者房间的后面位置。还有一种提词器通常出现在电视演播室里，提词器所显示的内容一般都出现在摄像机镜头的正前方，这样可以让“朗读者”在诵读时直接面对着镜头。在所有这三种提词器中出现的每个字都将被放大到足以令演说者在字幕滚动时从容地念出它们。

有效使用提词器的关键，是要记住它仅仅是个提词器。即使看不到这些提词设备，如今的听众也不会轻易相信任何人说的话。就算是他们最喜欢的新闻主播，在他们看来，也只是在逐字逐句地进行朗读。所以，千万要注意当文字像变戏法一样在你的眼前滚动时，应尽量避免让自己的视线过分集中在提词器上。否则，你就失去了与听众至为关键的眼神交流。 提词器既让人心里踏实，也带来风险。使用提词器，很可能只是让人一味地跟随眼前滚动的字幕逐字逐句地复述上面的内容。但是如果你像使用演讲台上的笔记一样使用提词器的话，其效果肯定会更好。使用提词器时，你必须时刻记得，在你与台下的某位听众建立起稳定的眼神交流并完全吸引了他的注意之前，绝不要轻易开口讲话。

有效地使用提词器的另一个窍门，是强迫自己在演说过程中时不时地低头看看笔记，这样能稳定情绪，同时也能让你转移一下视线。当然，进行这一调整的最佳时机，是当你要在讲话中引用某事的时候。电视主持人在演播室里进行现场录制节目时一般都是看着提词器进行朗读的。所以，你可以留意一下，看看新闻主播每次准备引述某事时是怎样将视线下移的。其实，大多数观众马上会意识到那位主持人正在念着他眼前的文字内容，因为他们非常清楚他在使用提词器。但是，如果你总是刻意将视线避开提词器，或是故意不去低头看你的书面稿，那么也会使听众感觉不舒服或觉得有什么事不对头，虽然他们也无从判断到底是怎么回事。

电子提词器并不能自动运行，所以，一定要有一位操作员。操作员的工作就是将你的书面稿输入到连接那个滚动屏的计算机中，然后控制好屏幕上出现的内容，并使用足够大的字号来方便你的阅读，同时，随着你说话的节奏不断滚动屏幕上的文本。要使这些能够顺利运转，你必须事先给那位操作员一份演讲稿副本。而且，无论你是用计算机硬盘、CD 盘还是闪存硬盘储存你的文本，都要保证操作员已经将文本存入他操作的计算机中。当然，即使操作员已经将你的文本录入到他的计算机中，你也不要指望立刻就能在提词器上看到它们，然后跟着去读。在你真正上台演说之前，至少要给操作员留出足够的时间去检测整个提词器系统。这就要求操作员能适应你说话的节奏，从而确保屏幕上文字滚动的速度能使你感觉舒服。

你可以要求操作员加大或缩小屏幕上的字体，以使字体看起来感觉舒服。大一点的字体方便阅读，尤其是当你距离屏幕稍远时，而小一点的字体则能够保证屏幕上能出现更多的字数，这会使得你能在短时间内看到更多内容，继而使你的讲话更加流畅。在你讲话的时候，操作员会跟随你的节奏输出内容，放缓或者加快文字出现的速度。由于每次在屏幕上只能打出几行文字，所以操作员需要准确地知道你正读到屏幕上的哪一行文字。为了便于你在提词器屏幕上的阅读，操作员通常都会在你马上要阅读的那一行的左侧标出一个红色或白色箭头。大部分人都喜欢在中间或者接近屏幕顶端的位置做出标志。由于屏幕上的文字是从下往上滚动，这就要求你在读到之前就已经清楚地看到正在打出的字幕。当然，你可以根据自己的习惯，来要求操作员将标志箭头落在屏幕上的哪一处。在你预先排练时，你或许会用不同的方式来进行尝试，直到找到一种最佳的感觉为止。在使用提词器时，在需要停顿的地方留出一大块空白，在需要强调的地方使用粗体字。在你排练期间，操作员可以在他的计算机中根据你的这些要求很轻松地对文字进行处理。所以，排练期间你有任何问题，都只管提出来。

让你的声音成为动人的音乐

在发表演说的时候，要把你的声音当成一件乐器。音乐家们常说，“其实音乐就产生于两个音调之间”。一档音乐节目的艺术效果很大程度上要依赖于对声音的控制，即要使高音与清音、有声与无声之间形成鲜明的对比。再回想一下你听过的最糟糕的演说。那些演说者大概都是以一种千篇一律的腔调发出声音，没有高低之分，也没有间歇停顿。没有人希望自己的话听起来让人觉得枯燥乏味，但是这一切都可能发生在任何人身上。伟大的演说家总是以他们特有的方式调节他们的呼吸，小心翼翼地改变他们声音的大小、语调的高低，以及节奏的抑扬顿挫。语音语调方面的刻意变化，将会使得你的声音更加引人注意，帮你将某些单纯用语言可能无法表达出来的微妙之处传递给听众。你的发音吐字须格外谨慎，因为这代表着你的信心和权威。我们再次回忆一下那些伟大的演说家，温斯顿·丘吉尔、富兰克林·罗斯福、约翰·肯尼迪以及马丁·路德·金，他们无一不是精心地设计着他们声音的传递。当然，你也可以做到。

无论你的听众可能有多少人，要想打破枯燥的文稿的束缚，你就应该把每一次演说，都当成是与房间里的每一位听众进行倾心交谈。要让你的声音充满能量与激情，要充分使用你的肢体语言，与你所使用的那些词汇一样，在听众的头脑中描绘出一幅令人难忘的图画。

停顿的力量

出于某种原因，有些人总是感觉，如果他们停止讲话，那么听众也将自动关闭他们的耳朵。事实上，恰恰相反。如果你突然放低声音，或者完全停止讲话，将会立即引起所有听众的注意。这会使你，至少在那一刻，成为整个房间里的“最新新闻”。因此，**在你要阐述一个重要观点之前稍作停顿，其实就是在提醒听众——接下来他们听到的将会是很重要的内容**。而在你阐述完一个观点之后进行停顿，则是在你开始新的话题之前，给听众一点时间消化你刚刚讲过的内容。战略上的停顿会给听众留出时间，以便于他们对你所讲过的内容做出反应。停顿也会留给你自己一点时间整理思绪，使你在讲话中更少地使用那些“呃”、“啊”之类的口头语，这些口头语会让听众觉得你缺乏自信并且准备不足。

为了能够有效地传递你的信息，首先，你必须要让所有人都能听到你的声音，尤其是在一个较大的房间里。但是，也不要大喊大叫，因为高分贝的声音常常会给人留下一种咄咄逼人或者歇斯底里的印象。其次，你还要表现出你的激情。真正的激情通常都是积极的、自然的、富有感染力的。为了有效传播你的信息，你应当向听众展示你的全部激情。或许在演讲台上表现得很平静没有一点情绪波动也不失为一种有个性的风格，但是，这样无法实现跟听众在情感层面的沟通。当你向听众清楚地表明你热切关注的问题，听众自然也会投入更多的关注。

注意你的仪表

你总是希望听众将注意力集中于你正在讲述的内容上，而不是你的穿着上。因而你身上的任何装束都不应当分散听众的注意力。除此之外，你可以随意地选择那些让自己感觉自然而舒适的衣服。对于男士来说，通常可以选择海蓝色西服或夹克，一件浅色的蓝衬衫，以及一条红色或其他亮色的领带。而对于女士来说，可以穿一件裁剪讲究的上衣，一条及膝的裙子，一双浅蓝色、紫色、深粉色或者绿色的低跟鞋。如果房间很大，光线明亮，那么你可以考虑化妆，尤其是在有电视直播的时候。近些年来，是否佩戴领带也常常是个问题。对于“商业便装”的概念，并没有一个明确的定义，但大多数人都认为，这仅仅意味着男士要不要系领带，而女士只能穿裤子而不能穿裙子。如果你对自己的演说环境和面对的听众都十分熟悉，那么如何穿衣戴帽就很容易。但是，如果你不确定别人会穿成什么样子，或者不了解他们对你的穿着会有怎样的期待，那么你就要小心了。对于男士来说，你可以在演说过程中不时将你的领带解开，但很可能在演说结束前忘记将其复原。而对于女士来说，即使是在今天，与裤子相比，一条普通的半身裙子或长裙通常是一个更稳妥的选择。

问答环节的关键点

有些演说者认为，安排在正式讲话之后的问题环节，要么是无意义的东拉西扯，要么是彻底地让人厌烦。但是，如果你恰当地解决了这个问题，那么问答环节就能为你的演说加分。提问和回答给听众提供了一个机会将讨论引向他们最关注的问题。同时，这也给了你一个机会，可以借着这样一个听众特别关注的时刻，再次强化你的关键信息。如果你的演说在时间上许可的话，你应该尽可能地给问答环节留下更多的时间，尽量给听众更多的提问机会。当然，首先你得流畅地掌握整个演说过程。

鼓励听众提问的最佳方式，就是举起你的手。这会提醒会场上的每个人——将有新的事情发生，这也等于确切地告诉他们，他们能够参与讨论。他们所要做的就是举起自己的手，就像你正在做的一样。如果你只是站在那里问大家谁有问题，大多数听众可能都会迟疑要不要提问。但是，如果你非常清楚地用肢体语言向他们表明，他们能够参与到讨论中，那么肯定会有更多人乐于参与其中。而如果你看到有不止一个人举起手，那么你就该选择提问者了。此时，我们中的大多数人都会指向我们选定的那个人。但是如果是用你的手指做出这个动作，那样只会给你带来负面的效果——被人用手指指点的感觉总是不舒服的，就好像将他们暴露在聚光灯下一样。因此，将你的手掌张开、掌心向上来，这将让人感觉更加舒服，也能向听众传递出表示鼓励的信号。而在你要选择一位提问者的时候，也不要过多地考虑“谁先举手，谁先发问”。你自己掌控着由谁来进行提问。如果凭借先前的经验，你知道在听众中有些人总是喜欢吹毛求疵，对你的演说不怀好意，或者可能使人们的讨论偏离正确的方向，那么你就没有责任去请他们发言，即使他们先于所有人举手。

当台下的听众提出每个问题时，你需要与提问者保持足够的眼神交流，认真聆听他们的话语。而当发言者结束提问，你要立即中断你们之间的“眼神交流”，将视线转到其他人身上。只有在你与另外一名听众建立起眼神交流后，才可以开始回答。你或许以为，只有对着提问者回答问题才更加合乎情理，才更加自然，但这种做法很容易会让其他听众感觉自己受到了忽视。除非是那个问题刚好是大家都非常关注的话题，才能继续吸引其他听众，不必把目光转移别处。问答环节的目的，是抓住全体听众的注意，而非与某一个人进行单独对话。

将你的目光转移到其他人身上，也给了你一个难得的机会，重新思考刚刚被提到的问题。正如你没有义务按照“先举手，先发问”的原则去选择提问者一样，你在回答问题之前，也应该要知道自己有足够的自由“改述”听众的问题，主动权掌控在你的手中。“改述问题”可以让你将原本消极的一个问题以积极的方式表述出来，可以让你放心地接受任何提问，无论每个提问者或者其他听众怎么看待这些问题。通过对问题的改述，可以更加容易地从你的回答过渡到你想阐述的观点上。最重要的一点是，在你花费时间改述问题的过程中，你有了额外的几秒钟去考虑该怎样回答问题。而回答问题本身，也给了你又一次传递信息的机会。因此，这种改述和过渡可以使你从容地将所有问答环节都转变为向听众强化你的核心信息，阐述观点的机会。

要确保你的回答简明扼要。尽可能在几秒钟之内改述问题，然后再花上几秒时间进行“衔接”，最后再用余下的时间传递你的信息。如果你完全忽略了问题本身，而直接就转入你的核心信息，显然听众会觉得你刻意回避问题，进而不再关注你的回答。另一方面，如果你耗费太长的时间在某一问题，听众同样可能会失去耐心，继而将这个问题彻底忽略。仔细观察你的听众，如果开始感觉与听众之间的眼神交流变得越来越难，那么很可能是因为你讲话持续的时间太长了。所以，你必须尽快整理好你的答案，然后听取下一个问题。

当然，也有一样东西是你永远无法控制的，那就是提问者的态度。你必须做好迎战“敌意”的准备，在你面对那些恶意提问的时候，要让自己时刻保持冷静。记住，此时你必须要控制好自己的情绪，即使是最尖酸刻薄的问题，你照样可以将其改述成积极的提问，然后通过向全体听众阐述你的积极回答而将那位不怀好意的提问者孤立一旁。为了稳妥起见，在你为自己可能面临的最困难的问题列出一份清单之后，还应反复练习“改述”和“过渡”，直到你对整个过程彻底满意为止。记住，在你改述或者回答尖刻的问题时，永远不要重复那些消极的陈述和带有轻蔑性质的话语。

演说准备清单

★ 少食。只要能够维持你正常的能量水平即可。

★ 在开始演说之前，避免饮用酒精、咖啡因以及碳酸类饮料。

★ 提前到场，检查演说环境，包括灯光、室内温度、会场布置、演讲台设备以及麦克风的位置。

★ 反复检查试听设备，包括投影仪和计算机，确保你能得心应手地操作它们。

★ 如果需要使用提词器，你要给后台操作员留下足够的时间将演说稿录入到他的计算机中。

★ 与提词器操作员至少进行一次完整的演练，以确保文稿内容准确无误，并对结构安排感到满意。

★ 随身携带一份额外的笔记或文稿的副本，以防提词器设备出现故障。

★ 如果你准备使用幻灯片或其他演示，随身带一份额外的存有你的幻灯片的硬盘或CD盘备份，以及同样的一份副本，放在演讲台上以防幻灯设备出现意外。

★ 预先在屏幕上浏览你的幻灯片，查看幻灯片显示的位置，以确保它们能够达到你预期的效果。

★ 提前与向听众介绍你的主持人见面，给他一份你的自我简介，将其写在一页A4纸上。

★ 在演讲台或在你演说期间就座的位置上放一杯水（保持室温，不要加冰）。

★ 明确你想要阐述的主要观点和传递的信息，准备好为传播信息所需的身体能量和激情。

★ 确定你在演说结束后应该从哪里离开。

成功演讲必备技巧

★ 在你开口前，先与台下的某位听众建立稳定的眼神交流。

★ 放松身体，保持自然，尽可能利用视觉效果和肢体语言释放你的能量。用你的整个身体来支持你陈述的信息。

★ 不要将手插在口袋里，不要双手交叉放在身前或背后，不要双臂交叉抱于胸前。

★ 双脚保持平行站姿，与双肩等宽。不要踱步或移动脚步。

★ 每次展示完你所使用的辅助教具后，将其递给台下的某位听众，在你开始讲话前与其建立稳定的眼神交流。

★ 尽可能站在幻灯片支架或屏幕跟前，不要使用电子指示器。

★ 在你准备接受提问时，举手示意。

★ 将手掌张开，以示对提问者的尊重。

★ 目光直视提问者，认真聆听，与其保持眼神交流。

★ 在回答之前，先中断与提问者的眼神交流，重复或者改述问题，注意不要重复消极的陈述或带有轻蔑性的语言。

★ 身体站在讲台后，双手不要紧抓讲台。

★ 不要触碰麦克风。

第6章

展望媒体版图

了解规则与赢得游戏

Taco Bell 快餐店被曝出店内有鼠患后，
遭受了怎样的打击？
数百名乘客被困在停在跑道的飞机上，
JetBlue 航空公司采取了什么行动？

THE MEDIA LANDSCAPE

很久以前，英国的诺思克利夫勋爵（Lord Northcliffe）曾针对新闻与广告进行过一段绝妙的论述：所有那些人们不想发表出来的即是新闻，其余皆为广告。现代媒体环境要远比那时复杂，而且我们时刻都能感受到媒体的无处不在。我们每天都与其密切接触，彼此影响，在不知不觉中关注着媒体。无论我们承认与否，媒体总能强有力地反映出我们自己的人性当中最好与最坏的两个层面。今天的媒体发展是如此迅猛，以致任何人都很难控制媒体。即使那些每天都从事这一领域或与此相关行业的职业传播者们也同样如此。然而，清楚地了解媒体运转的方式，对于有效的战略传播来说是绝对必要的。如果你有机会与媒体合作来实现你的战略目标的话，就更应该好好了解和研究媒体是怎样运转的。从中你将能掌握大量的实用工具和技巧，知道如何吸引媒体的关注，如何准备接受媒体的采访，如何与听众进行沟通使其专注于你的信息，如何应对和化解充满敌意的问题，如何控制采访，最终实现借助媒体的传播来达成你的战略目标。

各种形式的媒体

在研究如何应对媒体采访之前，首先你需要了解当今媒体的各种形式：报纸、杂志、传统的广播电台，因特网及由此衍生的各种形式的新媒体如万维网、博客、因特网上的流式媒体、分享视频软件的网站（如 YouTube）、音频和视频播客、即时通讯、能够与手机接通的宽带音频和视频，以及诸如 MySpace 这样的社交网站。与此同时，新闻的传统定义正在被淡化，而新闻的传播方式也越来越多样化。而传统的纸质媒体，也开始通过电子方式进行传播——在各家报纸的网络版上，音频、视频软件、文字以及图片一起承载信息。电视广播已经进入到一个有线电视和卫星传送的时代，有线系统和直播卫星设施传输着成百上千个数字节目频道，而地面广播电台正受到直播卫星电视和网络收音机的严峻挑战。数字多频使得地面广播站能够以高清音频传送出多个频道的节目。而且调查显示，今天的大多数人都认为，对于他们的生活来说，因特网已经比广播更重要。在今天的媒体拼图上，原来的各块"短板"都正在迅猛地发展。通过网络博客，每天都有震撼人心的"大故事"出现，而无论其始作俑者是职业媒体人还是纯属"业余玩家"，那些"大故事"总是能够赶在那些所谓的"主流媒体"之前被公诸于世。同样，极具新闻价值的视频短片也会屡屡赶在电视的新闻播报之前，出现在 YouTube 和其他视频分享网站上。对这一点感触最深的，莫过于那些不幸的政治家们。你随便问问他们当中的任何人，有哪一个不是在选战结束后，还未能从那些让他们无比尴尬、像病毒一样在网络上流传的视频短片中回过神来。甚至就连许多职业的新闻工作者，也很难为"新闻业"一词在今天复杂的媒体环境中给出准确的定义了。然而，不管技术革新和市场分割如何日新月异，也无论今天的新闻该如何定义或者怎样传递给受众，关于战略传播的基本原则和规律始终都是适用的。

虽然今天各类新兴媒体的名字听起来五花八门又新奇，但在信息发送的本质上仍是相同的。例如，博客实质上就是为每一位普通人搭建的一个可以自由出入互联网的个人（或非个人）网页。换个角度来看，今天数以百万的博客撰写者，是不是相当于历史上曾经的那些在街头散发传单的人或者街头演说者呢？唯一的区别只是信息传送的技术不同而已，不断发展的技术使得信息传递的速度越来越快。即时通讯和手机短信，实际上就是变了形式的电子邮件。在网页上迅速地上传信息、音频和视频文件，其实不过是一种普遍而廉价的传播信息方式。多年来所有新闻单位和成百上千万的普通人每天都在做这样的事。网址之间的层层链接一直是网络内容结构的基础，比如最新的技术如RSS（Really Simple Syndication，即聚合内容，是在线共享内容的一种简易方式。——译者注），也仅仅是一种自动监控和汇聚网络资源以方便受众获得信息的一种技术。你只要设置了谷歌（Google）新闻提示，那么在一两分钟之内，就能通过邮件链接，立即接收到你所感兴趣的最新新闻。而播客的实质，相当于用录像机（VCR）录下一段视频，或者将其下载到DVR（Digital Video Recorder，数字视频录像机）上，在想播放的时候就播放。唯一的不同，只是在存储和传送技术方面的变化。

尽管与传统媒体存在如此多的相同点，然而，万维网及其各种衍生物，并不仅仅是在于以更便捷的方式传递旧式媒体内容。就目前的发展，万维网具有互动(interactivity)、互联(interconnectivity)和带宽(bandwidth)的独特属性。与传统的印刷和电子媒体不同，万维网让每一位用户在想阅读任何内容的时候都会即刻得到满足。发邮件给网络编辑， 在一篇博客后添加评论，并且由此引发进一步的评论，这都是网络的功能。万维网让所有的信息资源都相互关联。原本在传统的印刷出版物上可能只是一条简短脚注的内容，在万维网上变成了直接的电子链接，而这些链接，形成了一个包含了无穷尽原始资料和信息的超级图书馆。同时，诸如谷歌、雅虎之类的网络搜索工具，进一步加快了搜寻链接目录、获得相关信息资源的过程。这些新兴的网络和互动式媒体变得如此重要，而它们的基本要素与传统的印刷和新闻也迥然不同。传统的印刷和广播新闻业是建立在“稀缺管理”的基本上，即如何最大效用地利用有限的空间与时间。与之相反，网络编辑们则面临着另一种挑战：如何管理海量的信息，如何判别人们每一次用鼠标点击的那些无穷尽的原始信息的价值。无论这些技术显得如何陌生，无论是新旧媒体工具，它们都服务于同样的受众，而这些受众正是你竭力要将信息传递到的目标对象。

媒体带来的机遇与挑战

这种渐趋复杂的媒体环境，对于任何想在听众面前取得成功的演说者来说，都是一种机遇，也是一种挑战。历史从未像今天这样：如此海量的信息，以一种铺天盖地之势，如此迅捷地传递给如此广的人群。往昔那种一成不变的“新闻周期”(news cycles)，因为不受昼夜限制的网络新闻而被重新定义。今天，无论在这个世界的任何地方，一旦具有新闻价值的事件发生，人们立即就能听到相关报道，甚至是看到现场直播。即使曾经只有政府情报部门才掌握的顶级工具——号称“空中间谍”的监控卫星照片，现在也常常被新闻机构用于媒体报道中。而且任何处于因特网终端的人，都能通过千里之外的交通监控摄像头，立即收到所有街道的卫星图片或现场图像。电视台利用直升机进行现场新闻报道在许多地方都已不足为奇。而更有许多轰动社会的大新闻，常常是由一些业余的目击者靠手机拍摄的静态照片或用便携式摄像机拍摄的录像完成的。**由于现代的新闻采集和发送技术，这个星球上已经没有任何角落能躲过新闻媒体的眼睛和耳朵，以及这些媒体受众的追逐。**要想阅读成报纸和杂志，你只需通过简单的网络链接即可做到。你再也无须为了一封邮件而要忍受漫长的等待，或是从乱纸堆中去翻找你所需的那份报纸。因此，无论在白天还是黑夜，无论身处世界的哪个角落，任何人对于那些用文字、声音或图像记录下来的最新发生的新闻，都不会感觉遥远。

在以往，对于任何公司的公关部来说，接到一家国家广播电台打来的电话，那都不啻为一场最糟糕的噩梦。而在今天，真正的大新闻通常在被媒体报道之前，显身于 YouTube 这样的视频网站上。

经典案例

都是老鼠惹的祸

位于纽约市曼哈顿格林威治村的一家快餐店塔可钟 (Taco Bell)被电视台曝出店内有鼠患,结果闹出一场轩然大波。最糟的是，那些龌龊画面通过电视被传播到这个国家的四面八方，而且在几个小时之内，这段视频就被人们上传到博客上，传遍世界的各个角落。这种针对某一地区的卫生健康问题演变为全国性的新闻，其结果无须多言：将会严重威胁到塔可钟这一品牌的声誉。而作为这一品牌的拥有者，Yum Brands，最初只是把这当成一个地方性的事故来对控制形势。他们的反应如此迟缓，显然没有意识到有关鼠患的那段视频正在网络空间里迅速传播，更没有估计到这将会对他们公司的声誉造成多么严重的打击。仅仅在几个小时内，只要在网上 Google 一下“rats and Taco Bell”这个词条，就立即会跳出来自世界各地的不下 600 条的相关报道。

今天的网络既不像昨天的报纸那样，可以迅速追溯到信息的源头，也不像传统的电视广播那样，任何画面和声音都是一种虚幻的符号，在播出的瞬间便又即刻消失。在网络世界，任何信息都能找到它们的传播路径，今天所发生的一切都将永远地被记录和保留下去，无论它们对还是错。

经典案例

应对冰暴危机

大约就在塔可钟 遭遇鼠患危机的同时，美国捷蓝航空公司(JetBlue)也正面临着另一场潜在危机。而对于一家航空公司而言，这场危机的严重程度不啻于食品安全卫生对于一家餐馆的重要性。由于情人节周末期间的一场突如其来的冰暴，导致乘坐捷蓝航空公司航班的数百名乘客被困在跑道的飞机上，既不能起飞，也无法返回候机大厅。这些运气不佳的乘客只能在机舱里无奈等候，而在此期间，捷蓝航空公司的应急部门也正全力解决问题。而同样在这段时间，联合航空公司 (United) 和美洲航空公司 (American) 其实也都面临着相似的情况，但他们采取的态度却都是草草打发掉那些要么在停在跑道的飞机上滞留了四五个小时，要么是在一些远离目的地的小机场束手无策地耽搁了数日的乘客们。因而这些乘客对这种突发意外给他们造成的不便非常愤怒。与这些航空公司相比，捷蓝航空公司则采用了一种完全不同的方式——直接在网上公开道歉，主动承担起责任，宣布公司对原有政策进行调整，并提出一项“乘客权利法案”，以有效应对乘客方的诉求。这里的关键点不仅仅是捷蓝航空公司针对深受公众关注的危机管理，适时采取了行动。而且更重要的是，他们赶在愤怒的消费者或其他聪明的竞争对手反应过来之前，提前有效地利用了现代网络媒体工具。

而最令人费解的是，掌握着现代传播技术工具，但却未能合理利用，继而几乎演变成一场重大企业危机的传播案例 。事情是这样的：一天傍晚，当“黑莓”公司按计划替换一款新的软件时，其覆盖全国的大部分网络却突然中断。你或许会以为，像这样一家其全部生意都构筑在“电邮”之上的大公司，肯定会立即通过网络向其数以百万的客户说点什么，解释一下他们将会采取哪些措施，以使客户们放心。然而事实却是，公司方面根本什么都没说，直到新闻机构开始注意到他们自己的“黑莓”陷入瘫痪，然后开始挖掘这一故事。这是又一个一家公司本应熟谙新媒体环境的运行规则，但却出现重大公关危机的案例。

欢迎来到博客世界

博客和其他新媒体的出现，正在迅速改变着传统的传播规则。也许仍有些人对旧有的方式感觉熟悉和舒服，但新媒体确实已经摆上台面，它们的出现对于迅速增长的受众来说，既是一种挑战，也是一种机遇。至于这里所说的挑战再明显不过。在今天这个社会，任何人所做的任何事情，或是说过的任何话语，都很容易被手机的摄像头记录下来。就连从前所谓的“业余爱好者”拍摄的视频短片现在都已成为新传播中的主流，更不要提 YouTube 和数以百万的其他网站，全都可以轻易地与世界上任何有网络的人们连接在一起。无论是好是坏，一个不容忽视的现实是：我们正生活在一个“全民皆新闻人”的时代。

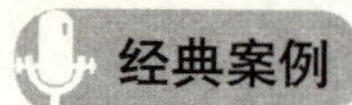
经典案例

网络带来轰动效应

彼得·罗斯特博士（Dr. Peter Rost）曾为一家国际性的大型制药公司工作。现在他每天花费大量的时间在其个人博客上公开他的前雇主的各种秘密试验。《财富杂志》曾经称罗斯特为“制药行业最讨厌也最珍视的在线灾难”。要想传播一条新闻，只要有一个人、一条网线便足矣。当然，成千上万的读者也会迫不及待地在这些新闻后“添油加醋”，张贴评论。在今天这种空前自由的媒体环境中，这些真的不足为奇。比如罗斯特的博客，就意在鼓励任何想参与讨论的人能够畅所欲言。任何知道有关某家大型医药公司在商业活动中存在隐情的人，都可通过点击鼠标将其传递给罗斯特，然后罗斯特再将其张贴到他的博客上，连同他所选取的跟帖评论一起，供全世界人民阅读。而来自读者的评论和其他网址的链接将继续推波助澜，将这些信息散播到博客世界里的各个角落，用不了多久这些最具轰动效应的猛料便会被更大范围的主流媒体所援引和披露。依靠口口相传和书信传递故事的时代从此将不复存在。

今天，在这个世界任何对现实不满的揭发，都同在线《纽约时报》一样能够吸引大批受众，这种传播渠道既没有了编辑和事件调查者这些中间环节的“缓冲”作用，也不能保证他们张贴出来的每件事都必须准确、稳妥、公平。

这种状态已经令许多团体和组织将网络和博客世界视作威胁，他们必须要防止某些事被披露出来，而不是利用网络来实现自己的传播战略。毋庸置疑，有些时候需要强硬的自我防御，采取反应时更须时时慎之又慎，讲求策略。比如，仅凭某个网站刚好拥有上百万的浏览量，就认定所有人都会阅读这个网站或者与其进行链接，这就不尽然了。网络受众，如同所有媒体的消费者一样，事实上通常都比批评家们对他们的评价表现得更加有智慧，更具辨识能力。我们公司曾将一个客户的博客粘贴到我们的网站上，尽管那些话题皆具争论性，极可能吸引相当多的网络受众，但它在一年内大概只吸引了寥寥无几的评论和链接。这一事实再次证明，虽然每年有数以千万的博客冒出来，但是这些博客中真正能够吸引到足够多的关注，并可能招致麻烦的概率是非常低的。所以，对批评的帖子反应过激只会使一条负面的新闻变得更负面，并且给对手更多的负面材料在网络上四处散播。至于罗斯特博士在博客揭发医药领域隐情所引发的广泛关注，虽然已经吸引了一些主流媒体的公开报道，但却并不能证明，通过网上广泛的争论，他已经对医药企业的活动造成多大影响。有影响力的博客开始进入媒体议程的那一天或许会到来，但至少目前还不是如此。一段“有害”视频要从 YouTube 网站一跃跳到主流媒体上，仍旧需要一个更加传统的新闻机构来关注它，并对它投以兴趣。

积极主动地使用网络和博客世界，来宣扬你的观点，比试图在每个网站上逐一辩解和极力驳斥要聪明得多。现在有一些公关公司专门在网络上“造势”，代替他们的客户引导博客世界中的话题。他们都是评估不同博客的相对影响、解决网上争论，以及用他们自己的方式和风格有策略地介入博客世界等方面的专家。

> 我们公司曾经代表一个贸易协会联盟处理过一件相当复杂的事情。这件事对该联盟旗下的成员们至关重要，但普通消费者却几乎不知情。为了能让这件事与普通消费者之间产生关系，这个联盟选择了在网上大肆宣扬一个项目。很快，他们雇用的网络专家们不仅在与对手不断升级的网上争论中抢得了先手，而且还成功地改变了所争辩话题的全部内容。然而，这场网上争论的结果却让人始料未及——两个竞争利益集团间的战争还没有平息，一场在博客世界里展开的消费者保护战又已经打响。被强势垄断集团欺压的普通百姓，一个原本更亲近我们的阵营，都开始投入到这场战斗。

正因为你能求助的那些专家在网络上进行正面信息传播，所以才会有那些公司，它们唯一的任务就是使用最新的网络技术去保护和修复客户受到损害的声誉。比如，如果你发现你的竞争对手正在操纵诸如Google和Yahoo这样的搜索引擎，通过发布负面消息、封锁压制有关你和你公司的正面消息，来损害你的名誉，那么你聘请的专家必须确保让有关你的积极信息优先出现在搜索当中，才能够帮助你还击对手。

这些并不是什么秘密行动。试图在背地里偷偷篡改网络系统，通常只会起到适得其反的作用。在这场博弈游戏中，聪明者绝不会试图掩盖他们正在做的事情，他们会在网上竭力表现得更加坦率而真诚，他们也都清楚地知道，玩弄把戏很容易就会被那些持怀疑态度的博客写手们识破并曝光，而那对客户的信用来说又可能造成多么大的损害。之所以如此处心积虑，无非就是要在辩论中树立起一个声音，一个到位的论点将会赢得受众的支持。它或许并不能说服所有人，尤其因为对方在这场争辩中谁也绝不会示弱，但它至少能让你的声音在一个拓宽的论坛中被更多人听到。而要掌握主动权的关键，首先就是非常审慎地追寻网上讨论的轨迹，这样你便不会因为突然发现自己在博客世界中陷于被动而惊慌失措，然后就是要开诚布公、魄力十足地参与到争论当中，确保你的观点如同在其他任何媒体上一样无懈可击、难以辩驳。

什么产生新闻

无论是通过新媒体还是旧媒体传递，就新闻本身的定义而言其实并无差异，即在某一特定时段能够激起某一个特定受众群体兴趣的新消息。如果将这一定义再进一步延伸，我们可以说，要想成为新闻，故事本身必须要新、要真、要彼此相关。新闻必须是新的，至少对某些特定受众来说应是如此。在这一点上，陈年旧事固然也有其价值，但他们与读者和观众毫不相干，就像昨天的新闻对于记者和编辑索然无味一样。与此同时，我们所有人都生活在一个24小时不停接收和传递即时新闻的环境内，从这个层面来讲，“新”也就意味着迅速变化。在过去，所谓的新闻一般只是发生在24小时之前，然后在早报或晚间新闻广播中被报道和分析。即使是当时最大的新闻事件，有时我们不得不等上一周或更长时间，才能看到事件的彩色照片。在我们这一代人之前，普通人唯一能够看到的视频新闻，哪怕是最重大的新闻事件，也只能每周到电影院里观看新闻影片。今天，有些就发生在一小时之前的事情，即使能吸引到相当数量人群的关注，但对媒体来说或许已经太过陈旧，而根本没有耐心花费更多时间在上面了。

毋庸讳言，新闻必须是真实的。谎言，哪怕只是掺杂了部分谎言，也会迅速并且注定被不断怀疑的公众当作自我炒作披露出来。而那些不实信息，不仅会很快被受众所唾弃，而且试图去散播他人的不实信息，你的信用也将受到破坏，甚至无可挽回。此外，除了要保证起码的真实、准确外，今天更具质疑精神的读者对新闻内情透明度的要求也日益提高。你对新闻事件的解读的确应该顺应你的战略目标，但必须让受众听起来感觉真实。你或许会尝试精心编织故事来触动受众的心灵，但在今天高密度的信息环境下这根本不起作用。最好的传播者从来不会去寻求这种方法。相反，他们会将注意力全部集中于怎样去组织和传递一条信息，以最大限度地对于某个受众群体产生积极影响。这两种做法带来的结果有很大不同。当然，政客们仍会一如既往地编织谎言，并且时常能够侥幸成功，但那只是因为公众最初对他们就没有期待什么。而如果你是在参加竞选，那么公众对你的要求标准，则可能要比一般的政治家在早间脱口秀节目中的夸夸其谈高得多。所以，你可以铿锵有力地传递你的信息，但千万不要忽略一个真实性的问题。**如果你歪曲事实或者误导受众，结果很可能是玩火自焚。**

要使你的信息有效，你所传递的信息也必须与新闻机构所服务的受众相关。没有任何一家广电媒体、印刷出版单位或者网站在任何时候都是为所有人服务的。不管一些国家性和国际性的新闻组织如何鼓吹自己拥有多么庞大的受众群体和发行量，对今天的新闻来说，已不可能再有那么多的忠实受众。现代媒体已经转变得只为有限的特定受众服务。即使《今日美国》（*USA Today*）这样发行量最大的国家报纸，也已经转变为优先为一个非常具体的人群——“商界人士”进行服务。而作为其最强劲的竞争对手《华尔街日报》（*The Wall Street Journal*），更是直接将目标受众锁定为“商务职业群体”。就连晚间新闻广播过去所服务的广大受众，现在的人数也已锐减至上一代人的一半。与此同时，目标更为细化的地方有线新闻的受众数量正在激增。此外，在网络和博客上也涌现出越来越多的一流新闻素材，当中许多素材并非出自于传统意义上的新闻工作者之手。

媒体需要什么

虽然我们可以对新闻给出这样一个宽泛的定义，但是，只有那些遵循某些简单规则来判断具体新闻价值的编辑和节目制作者，才能决定哪些内容能够被报道。比如，一则故事影响到的受众人群越多，那么它潜在的新闻价值也就越大。在你自己身边发生的新闻，一旦出了这片狭小的区域之外，便不大可能让人们产生兴趣。而一个能够影响全国成百上千万人的故事，则更加有可能吸引举国媒体的关注。**越是与众不同的故事，对于新闻记者和编辑来说，就越是有趣**。这就是新闻圈里最古老的原则。狗咬人不足为奇，人咬狗那才是大新闻，因为那不常发生。

一则新闻越快传递给公众，它吸引的关注度就越高。启用直升机直播在洛杉矶的高速公路上演的毫无意义的汽车追逐现场，就是为了保证吸引大量的观众，哪怕只是很短暂的一刻。大多数人驾车途经车祸现场时，都无法抵制诱惑放缓车速看个究竟。著名魔术师、逃脱术专家哈里·胡迪尼（Harry Houdini）曾被问起，为什么总有那么多人会到场一遍又一遍地看他重复同样的老把戏，从链锁和手铐中顺利脱身。胡迪尼的回答可谓言简意赅，他说："没有人想看到别人死去，但我们又都希望当这一切发生时自己能在现场。"现代技术使得媒体可以将在任何地方发生的任何事件进行现场直播。你甚至不需要收音机或电视机，只要有现场直播的地方，就几乎肯定有网络直播。无论你是在办公桌旁，还是通过手机屏幕，都能舒舒服服地将天下大事尽收眼底。还有上千万人，日复一日地通过他们的"黑莓"邮件接收系统，随时了解最新发生的重大新闻。

一个故事的可视性越强，就越可能登上电视报道的画面。毕竟，电视就其本质而言，是一种以图片为载体的媒介形式。因此，即使最严肃的电视台，也多半会选择播放一些令人兴奋的图片画面，无论其是否具有内在的新闻价值。事实上，对于今天的电视观众来说，图片本身常常就是新闻。一家电视台能否迅速输送从卫星直播或者直升机直播的视频材料，可能决定了一则新闻在电视播报中的重要位置，甚至决定它是否有机会被播出。而那些难以形象化的故事，无论其本身可能有多么重要，都不大可能被置于电视新闻节目中的显要位置被播出。

而最有影响力的故事，往往都会明确定义“受害者”和“恶人”。事实上，调查性报道过程一般包括：首先是发现受害者，然后是叙述他们的悲惨遭遇，继而公开揭露那些让他们遭受伤害的人。有趣的是，在发掘和报道这类故事时，记者和新闻机构在给“恶人”进行归类定性时，通常都可以从多种角度分析。如果你不幸发现自己身陷这种故事当中，千万不要自动扮演了那个恶人的角色。避免做任何可能让记者或其他任何人将你孤立出来，成为抨击标靶的事情。尽量给新闻机构一个合适的理由，让他们将搜寻“恶人”的目光转向别处。

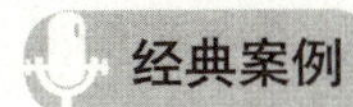

不做媒体追逐的“恶人”

一家客户曾向我们公司咨询，他们是否应该接受《60 分钟》制片人就一项饱受争议的政府项目对其进行采访。该项目被指称以危险方式使用了这家公司的一种产品。制片方希望详细了解此中内情，并请公司内部对这个项目和产品有发言权的人在镜头前面进行一次访谈。我们几乎永远都建议我们的客户要利用一切机会向媒体讲述他们的故事，而不是让别人代替他们去做这件事。

但这个案例却稍有不同。随着我们对形势的调查越发深入，事实就越发明显，我们的客户的确没有什么爆炸性的内幕可以披露。他们在处理自己的产品方面犯下了许多错误，这些错误与该事件本身虽然并不直接相关，但却可能在报道中很容易就被抖出来，并且肯定会成为访谈过程中的一个主要话题。因此，我们建议我们的这位客户可以尽其所能在其他方面满足《60 分钟》制片人的需求，但不要同意接受面对镜头的采访。因为我们知道，在《60 分钟》的镜头前，已经有过这样的牺牲者。这种伤害一旦造成，

> 我们的客户或者其他任何人都绝无办法再行弥补。同时我们也知道，CBS（哥伦比亚广播公司）还有其他潜在的“恶人”可以追逐。比如，我们就知道，事实上至少有一位政府官员很想走到镜头前面去为这个饱受争议的项目进行辩护。我们也知道，《60分钟》并不需要寻找太多这样的“恶人”。只要有那么一个，能够很好地平衡“剧情”，乐意接受采访就足矣了。而后来的事实也证明，我们对形势的评估是正确的。那位政府官员在镜头前不但态度傲慢，过度自负，而且对采访显然准备不足，结果自然立刻就成了这个故事中的负面角色，公众眼中的“恶人”。相应的，我们的客户以及他们的产品最后反倒只是一个被公众忽略的脚注。这个故事的主题本来很可能是指责企业的不负责任，但由于运用了正确的传播策略，最后将这种危机演变为揭露政府的傲慢与官员的渎职。

我们公司经常为一些大公司、大企业提供咨询和建议，在多数情况下他们都是媒体攻击的“恶人”，而非受害者。当然，偶尔也会有例外。这其中，有一个案例就特别有趣。我们的这位客户也是要接受《60分钟》的访谈。这位客户是个网上折扣经纪业务的先锋，因此，他的公司也便成为传统房地产经纪人为扼杀网上潜在竞争对手的首要攻击目标之一。最初，CBS只是想搜寻一些背景信息。尽管这个故事的主题尚不明确，但看起来似乎要花些时间来就司法部提起的一项反托拉斯指控进行解释了。该项指控认为美国房地产经纪商协会（National Association of Realtors）的一些制度违反了正当竞争原则，对网上经纪人和住宅买家造成了不利影响。但是，这对《60分钟》节目组来说已经足够了，制片人很快就会找到吸引人的故事。在这个案例中，制片人有他们的“恶人”，但对于整个故事来说，他们仍旧需要一个受人同情的受害者，而我们的客户看起来是一个非常好的候选人。

这次，我们仍是首先确定了我们客户在这个故事中的战略利益，以及我们希望他们以怎样的姿态出现在受众面前。我们预先设定他在《60分钟》节目中的角色定位，这就使得他有更大可能在电视上阐述自己的观点，而不仅仅只是做个幕后的信息源。由于此前我们客户与CBS节目制片人已经进行了大量交流，所以我们也很容易预想到他坐在摄像机镜头前接受采访时可能被提到的问题。我们仔细斟酌他对这些问题的回答，以确保他能很自然地从被动的回答过渡到主动的信息传递。我们事先在摄像机镜头前对他进行模拟采访训练，以确保他在电视屏幕前能自如地表达自己的想法。

而最后的事实也证明，我们客户所遭遇的最严峻的挑战，是那些对此次采访明显准备不足的《60 分钟》栏目制片人对现代房地产业的理解不充分。制片人事先显然准备不足，他们已经对该事件进行了一年的调查和报道，他们以为他们对这个话题已经非常熟悉。而这些准备中的不足很可能会导致在 CBS 的采访现场中出现一些尴尬时刻，但对我们来说这只是一个很小的技术问题。因此，在节目中不会出现任何由于记者所导致的混乱局面，而我们的客户也能够尽情去做他准备好的一切，传递他的战略信息，阐述他的个人观点，并使观众理解和接受这些内容。至于这里面的一些细枝末节则对我们影响不大，只要我们的客户在战略上是以一名受害人的姿态出现，就能够将他的关于房地产业发展的必然趋势的论点放大，也就是他怎样使房地产经纪人和买主双方都能从中受益。

记者们总是在寻找胜利者和失败者。比如，批评家们就经常谴责有关政治竞选的报道很像“赛马”。时政记者们当然也明白，甚至比我们其他人更理解那些“问题”在选战当中有多么重要。但他们同时也知道他们的领导和观众对于谁在选战中获胜这个问题更感兴趣，而不是研究谁处于何种立场。获胜者和失败者在任何精彩的故事中都总是最为关键的一个要素。

最后，所有的新闻判断多多少少都包含了主观的成分，而非科学的决断。而现实中，也不存在任何一条严格而有效的新闻评判标准，能够告诉记者、编辑和制片人，在任何特定的日子如何决定哪些新闻是具有报道价值的。事实上，两份不同的出版物，就可能选择截然不同的报道内容，甚至在报道同样的内容时角度也会大相径庭。而在对同一天发生的最重要、最有趣或者最娱乐的事件的选择性报道上，也没有哪两个记者会意见相同。

比如，当备受争议的宗教及政治教领袖杰瑞·法威尔牧师 (Rev.

Jerry Falwell）在一个波澜不惊的日子里突然辞世，美国三大国家广播公司中的两家，即 CBS（哥伦比亚广播公司）和 NBC（全国广播公司）立即在当晚的新闻节目中，将该条讣告列为当日新闻的头条。而剩下的一家——ABC（美国广播公司）则对这条新闻进行了“深埋”处理，然而其随后很难向批评家们解释，谁应该对新闻广播中铺天盖地地抨击所谓的“左翼偏见”负责。尽管一些针对法威尔的攻击性评论只是出于 ABC 的主持人，但这种充满火药味的偏见则肯定是不公正的。这是一个再简单不过的主观判断的问题。在这起案例中，许多人认为新闻工作者应该简单地按照时间顺序对事件进行报道，然而他们有时却刻意不这么做。当然时间也很重要。一则前一天也许还被放在头条位置的新闻，可能因突然发生更重大的新闻事件，而退居到末版。

总的来说，在报道全国性新闻时，不论是纸质媒体，还是广播电视，在任何一个时段内的重大新闻通常都不能超出三条。随着一条新内容的出现，其他内容将不可避免地被弃之一边，无论该项内容在昨天有多么重要。一些上了年纪的老人都还记得，当年载人航天器还是一个新鲜事物的时候，整天被各种媒体持续不断地进行实况报道。而在今天，纵使是在发生了两起重大的太空惨剧后，大多数有关航天飞机发射升空的消息也绝少再被媒体大篇幅地报道，当然，除非再有某件悲剧事件发生。

不同国家对于同一新闻报道的角度不尽相同，在不同类别的媒体之间情况也同样如此。如果你是与国际性的媒体接触，那么对于文化和政治方面的敏感度就显得相当重要。比如说，那些通常能够吸引欧洲或日本读者的报道内容，有可能被印度尼西亚或马来西亚的新闻从业者视为新闻报道中的绝对禁忌。众所周知，一些伦敦的街头小报经常在内页中刊出裸露女郎图片。很难想象，在中东地区乃至美国的报纸中会看到类似图片。虽然现代技术已经使得新闻报道和传播超越了国界限制，但每个国家和地区的新闻媒体在报道中仍会更多地反映他们的本土文化。你永远不要指望，在一国广受关注的新闻事件，换个国家仍会产生同样的关注效果。比如，许多国家的电台广播都会将节目集中在政治、经济、金融及其他严肃话题上，但其他一些国家则恰恰相反。法国就是一个很好的例子，主要的都市报都将重点放在分析舆论方面，而不是爆炸性的新闻本身。而在其他一些国家，善于制造耸人听闻效果的市井小报则更热衷于具煽情效果的图片，在这些地方，严肃新闻被更多地留给了广播电台和电视台。时下，电台谈话节目已经十分常见，而在美国的媒体版图中，在这些节目中进行激烈的争辩甚至被视为一种鲜明的特征。但在许多其他国家，这种“争辩”就显得不那么重要，甚至完全听不到这些声音。

尽管世界各国的媒体间存在这样那样的差异，但诸如 CNN 和其他此类国际媒体还是常常可以将新闻在同一时间传递给许多具有不同文化和背景的国家。而当今世界的所有地方都融于这种自由流通的现代媒体环境。公众对信息的关注度越来越低，各地的新闻机构必须工作得更加努力，在一个充满竞争的市场空间里寻求公众的关注。而且，由于新闻事件的突发性，我们无论是在世界各地的图书、报刊还是广播中，都能看到越来越多的画面，以及越来越少的文字和越来越短的“援引”。毫无疑问，世界各地的媒体都正在迎合着公众对信息传播日益增长的需求。

记者们在忙什么

在准备接受媒体采访时，你可能要遇到至少三种类型的记者：综合报道记者（General assignment）、专业报道记者（Specialty or beat）和调查性报道记者（Investigative reporting）。顾名思义，所谓的综合报道记者都是“通才”，但一般来说，他们通常不会以比较有深度的问题展开自己的采访，特别是在电子媒体中，综合报道记者的职责就是去采集足够多的信息，尽可能快地“生产”出一个故事，然后继续重复同样的事情。

而所谓的专业报道记者，一般在采访之前，就已经对要你“做什么”和“怎样做”有了充分的了解和细致的准备。专业报道记者的工作就是去延伸和拓展他们的原始资料，针对某些特定的问题获取一些专家意见。如果那位记者在采访时提出非常专业的问题，那么他很可能是对你和你的组织已经相当熟悉。采访中的这种情况既可能对你有利，也可能令你陷入被动，关键要看你如何应对这种局面。

作为一位调查性报道记者，其工作多半就是去找人麻烦。所以，在面对调查性记者时你必须慎重应对。在接受这类采访时，一些人会不自觉地端起敌对的架势，另一些人则会充满戒备心理；一些人会表现得像要拯救世界的十字军战士一样慷慨激昂，而另一些人则会表现得更为理性和冷静。但是，原则上说，调查性报道所做的通常就是"揭底"和"爆料"，以制造一些事端。这时如果稍有不慎，你的观点和意见就会"授人以柄"，成为媒体的负面材料。一个调查性报道记者团队可能会花上数月时间来专营一个事件，采集数据，对报道中涉及的内容进行详尽了解。等到你接受采访的时候，那位记者很可能已经对你、你的组织以及相关事件了若指掌。等轮到你出场的时候，那位记者或制片人很可能已经采访过其他许多人，其中包括事件中站在对立一方的那些人。许多地方电视台的新闻栏目组常常会雇用一些善于夸大事实的"调查性报道"记者，经过他们商业包装后所爆出的料，其作秀的成分往往超过了事实本身，他们可能不会费尽力气地去挖掘某一事件的细节。如果你一旦成为他们的标靶，那就几乎可以肯定，他们将不择一切手段地盯上你，让你在公众面前出丑，而这一切都是为了一个更加有趣的故事和更高的收视率。

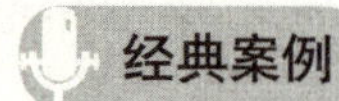
经典案例

小心记者的镜头

在过去的几年中，我的公司就曾有机会和两位客户合作过，他们发现自己成为了一个调查性报道记者的目标。讽刺的是，这两起案例中的故事几乎如出一辙，包括记者运用的策略和最后在镜头前的说辞也都分毫不差。他们分别是两家深陷麻烦的公司的CEO，其中的一家公司甚至已经破产。众所周知并且都经过各自公司董事会的批准，两人都经常动用公司飞机用于个人旅行或商业旅行，当然这些旅行本来可以是乘坐商业航班的。这在大公司里原本是司空见惯的事情，但对于调查性报道记者来说却不啻于一剂强心针。对这一事件的报道足以让该公司的高层们在当地饱尝信用危机，他们将被指责在公司的艰难时期，工人和股东们遭受痛苦的时候，自己却假公济私，仍然过着养尊处优的奢靡生活。

于是，这位记者和他的团队每天蹲守在机场外，用长焦镜头捕捉公司航班往返起落的画面。他们在街道和各种公共场合设下埋伏，追踪和捕捉他们的目标，甚至不放过他们周末回家途中的每一个镜头，以此来证明他们享受奢侈旅行的事实。可以预见，他们制造出的这些故事虽然缺乏实质内容，但却极富效果。他们的目标并不在于制造新闻，而是要使标靶难堪。所以，直到我们最终介入这一事件，帮助我们的客户从这一尴尬境地中解脱出来之前，可以说这些记者已经在很大程度上取得了成功。

你几乎不可能让这样一个“调查性报道”记者自己走开。警告他们走开，或是动用保安把他们驱逐出大楼，只会授之以柄，主动提供给他们戏剧性的照片。尽管如此，也并非没有其他方式可以解决这种困境，你可以全力扭转这一局面，避免让一个消极的故事变得更糟。

不管是综合报道记者还是专业报道记者，所有的记者都要受到截稿时间的限制。所以，他们总是要在匆忙中赶稿。而且，这对于工作在电台、电视台以及其他电子媒体的记者们来说尤其如此。那些为新闻电台或有线电视频道工作的记者，在每一天的每一分钟都要面临这样的问题。今天强大的新闻采集和发送技术使得现场直播报道不再是一种遥不可及的梦想。而那些为网站或博客工作的电子媒体和印刷类媒体的记者也面临着高速产出的要求，尤其是对那些复杂事件的报道上，他们要采取一种更加富有想象力的、更合适的报道方式。

可能你遇到的大多数记者都是综合报道记者而非专业报道记者。这里需要特别指出的是，即使是一位长期对你进行跟踪报道的专业报道记者，他对要采访课题的了解程度也肯定不如你。但是，为了补充第一手资料，记者们最需要你做的就是对事件进行解释和补充细节。记者们要寻找到一个报道的主题。所以如果你不准备把主题告诉给他，那么多半会有其他人来这么做，而且，或许不是按照你喜欢的方式。

大部分记者都会倾向于从一个看似负面的素材中创造故事。这不是因为记者这一职业群体存在某些奇怪的性格瑕疵，而是因为负面故事常常比正面报道更具新闻价值。显而易见，如果一切都顺利进展就不是新闻，而当某些违反常规的事情发生时，则总是会吸引人们的眼球。所以，人们总是会期待记者们应该具有好奇且善于质疑的品质。当然，他们刻意搜索那些负面或煽情的东西，以及为了追求耸人听闻的故事而四处逡巡则是为人不齿的。所以，你要准备好不要去理睬那些负面内容，只管尽你所能给记者一个既能传递你的信息又具有新闻价值的故事。无论在采访期间可能出现什么情况，一位记者都不会将其自身的负面情绪指向你个人。要知道，记者仅仅是在做他的工作，尽可能获得一个最好的故事，使它充满趣味，并将其尽快、尽可能完整地组织起来用于出版或广播。不管你喜不喜欢，你都是这种高压竞争过程中一个不可或缺的部分。而你的工作，就是使这个过程服务于你，而不是与你对抗。

编辑的重要角色

在一个新闻机构中，编辑扮演着诸多重要的角色。一个编辑的职责是负责对所有可能采用的故事进行价值评估，然后决定哪些可以报道、哪些可以忽略、哪些可能用来出版或在广播电视使用、哪些可以先搁置一旁延迟使用或者彻底忽略掉。同时，编辑也要负责核实已完成的报道内容的准确性、完整性和连贯性。编辑的工作就是确保每篇报道的内容既符合该新闻机构的一贯风格，又不违反法律上的规定。一个编辑常常要裁切掉冗余的词汇和不必要的信息，有时为了加重稿件的分量或者使其更加清晰，编辑甚至可能对整篇报道内容进行重写。让许多记者深感烦恼的是，几乎总是由编辑来撰写文章的标题、导语和推广语等部分。

无论你的访谈内容有多么至关重要，一旦被编辑修改或重写后，你就无法掌控文章最后的总结性陈述了。无论是记者还是编辑，在最后定稿之前，他们都没有责任告知你完整的文章。而如果他们这样做了，你知道他们只是出于客气，再给你一次修改文章事实的机会。如果在这时你还试图影响文章的主题，那最后多半只会是事倍功半、徒劳无益。通常情况下，这样做丝毫无益于解决你与记者或编辑之间在处理文章的意见分歧，大多数负责任的新闻机构都会根据客观事实来决定报道的尺度。换言之，你可以不同意一家新闻机构对于某个新闻事件的解释，但你基本上可以这样认定，他们也不想冒着损害自己声誉的危险去误报一条新闻。所以，如果你看到了与事实不符的内容，千万不要不好意思给他们指出来。但与此同时，你也要控制住自己，不要参与到“事件该如何报道”或“出版方业已定下的报道主题”的讨论中去。

经典案例

千万不要和媒体对峙

我们曾接待过这样一位 CEO，他在一份全国性的商业杂志上看到自己成为了一个相当负面的故事的主角。其实，当这篇报道出来时，我们一点都不感觉意外。我们的这位客户长期以来一直是某个消费者团体攻击的目标，而这个团体本身就擅长利用媒体宣扬他们的观点。当时，有个记者已经关注这一事件数月，我们都知道相关报道很快就会出来。可当这篇文章最终刊出时，这位 CEO 怒不可遏。不用说，他一定是感觉这篇报道完全有失公允、偏离事实。当然，公正不公正是个主观问题，而事实就是事实。不幸的是，这位愤怒的 CEO，一个在文章出版前曾逐行认真核对过每一个事实的人，到头来却认为最后的报道与事实根本不符。这位 CEO 当然有权质疑这份杂志的观点和解释，但是除了他的坚持，我们无法证实任何一项事实的错误。

与往常受理的这类案例一样，这位 CEO 坚持要给这家杂志社寄去一封措辞尖锐的信，对编辑在报道中的人身攻击提出强烈抗议。但我们建议他不要这样做，我们指出，对于这种情况的最好期待，就是希望这家杂志将我们的信登出，而那只会适得其反——让这一事件再持续一周，将这家杂志的负面言论再向读者重复一遍，使第一次时错过这篇文章的读者重新回顾一遍。但是，客户是客户，CEO 毕竟还是 CEO，最后我们还是按照吩咐，极不情愿地递交了那封信。结果正如所料，那家杂志在接下来的一期就将其刊出，而且是放在“来信照登”的头条位置，甚至还配上了这位 CEO 的照片。这位 CEO 或许会感到惊讶，或许会对杂志愿意刊登他那封言辞激烈的信而感到满意，但这种举动从战略上来看，绝对会是一无所获的。杂志并没有就任何事实错误进行道歉，而且这种情况下原本也不可能发生。他们当然不会推翻自己原来的负面报道，哪怕是容许这位 CEO 为自己辩驳。而且，我非常怀疑 CEO 的那封信能不能改变读者对他的看法。他这样做的结果只能是适得其反。这位 CEO 在发泄完一通不满后或许会感觉到舒服了许多，但是从更大的战略视角来看，发送那样一封信给编辑是完全错误的。

作为截稿期限相对较长的电台广播和杂志（比如周刊或月刊类杂志），有时会雇用“事实核查员”（fact checkers）。这是一种特殊的编辑，他们的工作就是核对事实和校验记者在文中提到的任何直接引语的准确性。为了保证报道内容的准确恰当，电视新闻杂志有时也会指派一名制片人或编辑，专门找出原始的采访版本同剪辑后的录像片段进行比较。但是，还有很重要的一点须记，事实核查员只是负责核查事实，而不能重新设定内容的主题，或是帮你撤销某些你后悔自己当初说过的话。如果记者错误地援引了你的原话，那么编辑或事实核查员可以将其更正。如果你觉得你的话被断章取义，那么他很可能是主观解释上的问题。所以，永远不要指望一位编辑会让你收回在镜头或录音设备前说过的某些确实具有新闻价值的话。

第7章

与媒体交手有绝招

如何面对媒体采访

面对“高风险”的媒体采访，我们如何使其转变成公关机遇？

迈克尔·艾斯纳开了什么玩笑，

以至于把迪斯尼公司推向声讨的枪口下？

一只小小的麦克风如何让女议员辛西亚·麦肯尼出丑？

MEETING THE MEDIA

如果你受邀接受媒体的采访，那么这意味着你有机会向千百万的受众传播你的信息。而具有战略性的经过精心准备的媒体采访，更是为你提供了难得的与目标受众直接沟通的机会。无论受众群体是大还是小，也无论你所面对的是何种媒体，遵循以下几条基本原则，都将有助于你控制场面，保持自信，并充分利用媒体提供的任何机会来实现你的目标。然而，首先你必须做好准备。

无论你对即将讨论的话题有多么熟悉，都不要临到采访时再去准备。否则，局面可能会让你措手不及。无论你还有 10 分钟还是 10 小时去做准备，你都要尽量聪明地利用和分配时间，从而保证整个信息传递过程最有效地为你的战略目标服务。你要搜集足够的论据，考虑清楚你想要实现怎样的传播效果，专注于你要阐述的主题。你还可以提前对采访进行有针对性的预测，猜想一下记者有可能会提到哪些问题，你能给出怎样的完美回答。但是，这还远远不够。**要想实现一个成功的采访，传递信息远比回答记者的提问更重要**。某种层面上说，回答问题只不过是帮助你面前的记者完成采访，但却不能让你驾驭采访，影响信息的传递。准备好你的答案固然重要，但你也仅是在这场游戏中充当一个被动的防守者。回答记者提问只是第一步，要想在媒体采访中真正实现你预期的传播效果，需要你主动、有方法地去阐释观点，掌控采访中话题的导向。

如何叫卖你的观点

你的目标，就是将具有战略性意义的重要信息传递给经过慎重选择的目标受众。应对记者那些尖锐的问题并不是你的使命。况且，无论你怎么样想，其实作为记者，他们并不会想要那样的采访——为了使你在成千上万的观众面前出丑，而故意向你抛出各种令你尴尬的问题。没有哪个记者会真想毁掉你的生活。也许你很难相信，事实上记者们在大多数时候甚至并不是真要从你嘴里得到问题的答案。在采访之前，他们多半已经掌握了大部分信息。所谓的问答，只不过是对于记者，同时也是对于你的一个象征性的过程。对于一名记者来说，首要且最为重要的，是想要一个精彩的故事，其他方面都是次要的。提出尖刻的问题，只是不过他们试图制造新闻的惯常方式。了解了这些，你就可以像预先设置好的程序一样，从容地将采访进行下去，而不仅仅是被动地对每一个问题进行回答。你应该利用采访去讲述一个完美的故事，一个构筑在你想阐述的观点之上的动人故事。

在采访中，也无论你多么煞费苦心地去叫卖你的各种观点，对绝大多数受众来说，他们所能记住的，也无外乎那么一两个要点。由此即可推断，你想阐述的观点越少，它们被受众记住的概率就越大。要想使采访更有效率，你首先需要做的就是集中话题。无论记者提到什么问题，你都需要提前想好要说些什么。而最重要的是你要传递出你的核心信息，你真正要阐述的观点，因为那才是你想要目标受众记住的内容。所以，唯有阐述清楚你的观点才是你在采访中最重要的目标。除此之外的一切，都只是你对记者提问的一种回应，这当然也很重要，但至多不过是维护整体的访谈效果。此外，为了使你的观点更有说服力，让人印象更深刻，你需要将能够佐证观点的材料，尽量压缩成两三条最有效的论据。至于其他，可以暂且放到一边。你要牢记我们前面提到的“信息金字塔”，同时，还要尽量控制住自己，不要将你手中掌握的每一条与话题相关的信息全都和盘托出。在采访中，你说的越多，那么你越难以表述清楚自己的观点。

利用媒体采访

在采访中，通常有一小部分你对记者直接述说的话会出现在报道的结尾。但是，你的解释和补充，会有助于他们更充分地理解你们探讨的话题，更好地把握你的观点。你所表述的内容，最后可能会完全换成记者自己的话被说出来。如果你的话足够引人注目、让人印象深刻，那么记者就有可能对你投入更大的兴趣，你的信息也就更有可能成为他们写作的一部分，随之，也就能够水到渠成地被送达给你的目标受众。只要处理得当，每次媒体采访都是一次机会，而不是一个威胁。所以，在面对媒体时，绝对不要表现得像是一场“攻防演练”一样。你的目标应该是去掌控局势，利用媒体的采访机会，以一种让人印象深刻的方式，将你的信息传递给目标受众。

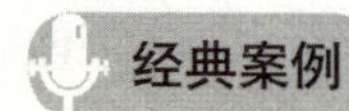
经典案例

把新闻媒体请入门

我们的一位客户与《60 分钟》栏目之间的一桩案例向我们非常清楚地阐释了：一次原本看似“高风险”的媒体采访，只要应对得体，就可以成为一个“黄金”的机会，而不是潜在的威胁。这位客户领导的公司发起了某项备受争议的技术，公司面临的最大挑战是应对一些激进组织对他们的指控。该指控声称，他们的产品对人们的健康和安全构成了威胁。与此同时，《60 分钟》栏目的节目制作人也存在着自身的问题。其时，这项新技术刚刚开始吸引人们的大量关注，《60 分钟》节目制作人自然十分渴望能够推出一期与之相关的报道，但他们苦于不知该如何向普通大众解释这种新技术是怎样运用的。他们本来可以转向对这一新技术持反对意见的一方，让那些人用他们自己的语言来述说——我们客户研发的这一新技术对于我们所熟知的这个星球上的生命，到底会构成怎样的一种威胁。那样的话，他们也可以策划出一篇能吸引眼球的报道。作为节目制作人，他们当然也明白那些一向善于发出尖锐言论的激进主义者，对于科技方面的挑剔和指责，往往并不总是令人信服的。

在论战沸沸扬扬的时候，一旦对抗情绪激化，我们的客户可以很容易地决定拒绝《60 分钟》栏目的采访要求，让记者依靠他们所能够挖掘的任何材料来报道。但是，职业的敏感告诉我们这是一次难得的机会。我们建议客户，不仅要满足《60 分钟》栏目组希望对公司 CEO 的采访，而且还要主动将公司的实验室向他们敞开大门。我们建议客户要主动向《60 分钟》栏目展示这项技术，并且让每天参与这些技术研发的科研人员在镜头前发表言论。根据我们的判断，这样做至少可以赶在那些激进分子寻找到机会谴责这项技术之前，从正面向公众宣传这项新技术。我们甚至保证，即使《60 分钟》原本想要攻击这项技术，我们也可以动用我们的公关专家来帮助他们辨明真相。只要我们提前将这些情况向公众交代清楚，那么激进组织们就只有徒呼奈何了。他们只能在观看电视节目时发泄一下情绪，而我们则能够影响到整个事件的进展。

为此，我们与哥伦比亚广播（CBS）公司的相关节目制作人合作了数月，帮助他们弄清了该项技术是如何发挥作用的，而且还安排他们到实验室里进行拍摄。通过一番精心的策划，我们让公司的 CEO 连同一位负责该项目的高级工程师一起出现在采访节目的镜头前。为了评估这次战略信息传播的效果，我们还在节目播出期间选定了一部分收视人群，然后在节目播出后深度研究他们观后的反应，结果却大大超出了我们的预期。

那些原本声势浩大的反对者们一直强烈要求电视媒体关注这项技术。整个报道没有任何吹嘘作假的成分，不仅“满足”了他们的要求，而且对他们所有的争议都进行了彻底的探究。当然，这个节目并不是以技术潜在的危机为主题，而是揭示了这项新技术能带给社会的福祉。那位受邀在节目中向人们解释该项技术是如何工作的嘉宾，是我们客户公司中的一位顶级科学家，而另一位受邀为这家企业进行辩护的节目嘉宾，则是我们客户公司的 CEO。在明白了这项游戏的规则后，他们进行了充分的准备，然后通过这家备受关注的新闻媒体将正面的信息传递给巨大的受众群体，从而将一次潜在的威胁转变为一次千载难逢的公关机遇。

吸引受众

无论是何种媒体，也不管受众群体是大是小，作为一名传播者，你的任务就是要让受众始终倾听和关注你所说的一切；你的任务就是要让那些人相信你，记住你的信息，并且对此采取行动。而这一切并不是轻而易举就能实现的，无论你自认为你的信息有多么重要。通过媒体传播信息需要格外注意大量重要的细节问题，譬如前面提到的那个关于《60分钟》的成功案例，前后就花费了我们大半年时间。面对那种高风险的媒体采访，需要你在坐下来真正接受采访之前，做足准备工作。如果你打算让受众对你予以关注，相信你所说的一切且铭记于心，并最终将其付诸行动的话，你就得出色地完成战略传播。经历过一次这样的采访，将是一次非常有价值的锻炼，你将从中学会如何有效地阐述你的观点，并顺利完成你的传播任务。

要想吸引受众的关注，在今天已经变得越来越困难。即使是记者，这些本身以提问题和听取回答为业的人，他们也很难被挑起兴趣。也就是说，如果你没能在采访之初捕获记者的视线，并激发他的兴趣的话，你就很有可能对最后的结果感到失望。然而，另一方面，记者们也总是在关注那些有趣的故事。所以，在你为即将到来的一次采访进行准备的时候，需要认真考虑如何组织富有感染力的故事，让记者或者受众都觉得你的信息有价值，印象更加深刻。

在所有的传播情境下，你的信誉都是你最宝贵，同时也是最脆弱的财富。我们生活在一个充满怀疑的时代，所以，即便你说的话都是真实的，并且你认为你的信息绝对重要，记者或受众都不会轻易地就相信你。除了选取最相关、最有说服力的事实证据来支持你的信息外，你还必须确保自己绝对不要做任何可能有损你个人信誉的事。一旦目标受众找到了某个理由来质疑你的声誉，那他们就肯定会怀疑你所说的一切，哪怕你能证明你传递的信息百分之百真实。其实，在这个现实世界中，你的表现，你是否能引起受众的共鸣，比你的事实更加重要。同样，受众所能感知到的你，也比你为支持自己的观点所引用的事实证据更重要。

最后，如果受众不能记住你那些信息，那么，无论你的信息有多可靠、多么引人注目，也都无济于事。所以，在你为采访进行准备的时候，一定要慎重考虑怎样才能使你的信息被人们记住。你要仔细斟酌如何在纷乱嘈杂的背景噪音中清晰地传达你的观点，你想让受众做出怎样的回应、让他们做什么，你怎样传递信息才能使他们照你的预期去做。

在前面的章节，我们已经谈论过新闻媒体的迅猛发展及其连锁反应，而你受邀接受媒体采访的概率每天都在增加。一旦你被认为做了出色的采访，那通常用不了多久，其他众多媒体就会像潮水般涌到你的身旁。如果你的表现“不合格”的话，那么他们就会转向其他人（包括那些可能站在你相反立场的人）。这与你在某个问题上代表哪一方的立场无关，作为新闻媒体，通常都倾向于广泛地搜集观点，因为这可以使报道更加有趣。所以，一次采访的成功与否，取决于你的话题是否有趣，你能在多大程度上驾驭和阐释清楚你的观点，以及你的观点是否具有新闻价值是否真正令人难忘。

面对采访请求

第一次接到来自一位记者、编辑或节目制作人的采访请求时，不要一开始就在电话里做出承诺，也不要马上就表现出你随时都乐意接受采访。除了约定好时间回复电话，其他什么都不要承诺。尽可能少说话，尽量先多听听对方的意图。记住，即使是在报道的初始阶段，也不要留下任何日后可能成为口实的记录。你对一名记者或节目制作人所说的任何事，哪怕只是在第一次通话时说的话，最后都极有可能被用在报道中。因此，你最好先留下对方的电话号码，然后再回拨过去，以查证对方的真实身份。如果别人告诉你说，他们是《60 分钟》或者其他什么栏目组的记者，并不意味着他们就真的是。

尽量先辨明来电者的身份是专职记者，还是一位自由记者，弄清楚这是已经安排好的报道，还是制作人准备送交新闻单位的选题。从某种程度上说，每个选题，在最终被选用刊出或播出之前，都存在着被“毙掉”的风险。通常情况下，真正被出版或播出的报道要大大少于仅在考虑范畴的选题数量。而与那些受指派进行采访的专职记者相比，自由撰稿人发出的故事被节目制作人或编辑接受的概率也要小得多。

如果采访电话是来自一家电视媒体，那么你要记下来电者是一位类似主要制作人的高层人士，还是诸如调研员或制作助理这样的较低级别的人物。在那些规模较大的广播新闻机构，最初的电话采访阶段通常都是由级别较低的职员来负责。但是，如果电话是来自该机构的某位高层，那么你就完全可以判断：这个报道很有可能需要一个较长的制作过程。

所以，这时候你要判断，该新闻机构是否已经决定推出这篇报道，而不论你合作与否。或者，目前他们还只是处在试探的阶段，他们跟你联系，只是想看看是否真有故事可讲，如果是的话，这个故事又将被引向何方。那么，这个新闻机构想从你这里得到什么呢？他们是在搜寻背景信息、澄清某种事实、求得一些引证，还是要做一次镜头前的采访？他们到了截稿时间了吗？你必须在多长时间内回复他们？这对于一些较小的地方性新闻媒体来说显得尤为重要，因为对于他们而言，在一篇报道被播出之前，可能只有几个小时的组稿时间。

此外，你还要尽量去了解，这个事件是如何引起该新闻机构注意的。比如说，他们纯粹是自己策划这个选题，还是受到你的竞争对手的有关报道的影响？关于这篇报道，他们的策划的主题是什么？负责采写这篇报道的记者是谁？他想在你身上花费多长时间？他是一名综合性报道记者还是专业报道记者？他以前是否写过有关你或你的组织的报道？写的是什么？他的报道风格怎样？要知道，有些记者总是刻意摆出一种咄咄逼人的架势，采用激烈的言语，而其他记者则会表现得更为低调一些。总之，在你坐下来接受采访之前，尽可能多地去了解你即将面对的记者的风格，这对你会有很大的帮助。当然了，也不能仅仅因为一个记者曾对你或你的组织进行过批评性报道，抑或在你看来那些报道就是赤裸裸的偏见，你就不去接受这个采访。此时你需要做的就是，在制定相应的战略决策之前，先尽可能多地搜集和消化背景信息。

当然，作为新闻媒体，他们没有义务在采访之前向你提供任何有关信息，但是，同样你也没有义务让自己成为采访中随意支配的一个工具。你先要问问自己，接受这家媒体的采访有助于你向目标受众传播你的观点吗？这个采访会帮你实现你的战略目标吗？总之，要不要接受媒体的采访一定是一个战略上的决策，这一决策应该建立在对潜在风险和利益谨慎的综合评估之上。

在经过初步接触后，节目制作人通常都会要求先做一个非正式的“前期采访”。在此期间，他们会尽量多地提出一些问题，来挖掘你对目前这个话题的理解。跟你一样，他们当然也想让采访更加顺畅地进行。他们想避免一切可能破坏现场环境，想避免一切可能造成时间和金钱浪费的意外因素。在有些情况下， 前期采访甚至可能毙掉某个采访选题，至于其原因，要么可能是受访者的回答不是新闻机构所期待的，要么可能是因为他们的陈述达不到要求的标准。

假如你正在面临这样一个初步的测试，前期采访对你来说，可能是一个非常有价值的机会，你可以准确地判断出那位记者的真实意图。你有机会先试着发出你要传递的信息，然后观察对方的反应。你甚至可以利用这个机会，提示对方你已经准备好了要回答的一些具体问题。因此，在你同意接受这个前期采访之前，就要在心中盘算好自己传递信息的整个过程。而在前期采访后，你将处于一种更加有利的形势，因为你可以就你了解到的情况——那位记者或节目制作人对采访的方向定位，有针对性地提炼信息，并对那些事先预料到的问题给出你的回答。

说还是不说

在今天日趋饱和的媒体环境下，对媒体保持沉默通常只会传递出消极的信息——因为这会让人觉得你没有什么有价值的东西可说，或者更糟的是，你在刻意隐瞒某些令人尴尬的事情。如果你不能抓住每个可利用的机会来按照自己的意愿去讲述故事，那么可以肯定，其他人将会迫不及待地来替你说出这些事情。你或许不喜欢这样，但是同意采访，哪怕是在比较困难的形势下，通常也是最好的解决之道。反之，拒绝采访则根本不可能阻止记者对事件本身的报道。事实上，如果你拒绝采访的话，很可能会刺激记者的好奇心，并因此而吸引更多的负面关注。换言之，如果你不想自己讲述这个故事，那么你只会更加陷入被动，给你的对手更广阔的发挥空间。

当然仅仅是接受采访，并不能保证最后被曝出来的故事就会是正面的，或者你的信息就不会被打折扣。但是，这至少可以确保你（作为传播主体）的态度和观点能够发挥效用。不管我们乐意与否，人的本性总会让那些尚未被充分证实的流言蜚语迅速地蔓延开来。你无法控制别人对你说些什么，但是，你可以先发制人，可以主动传递信息，这样你至少可以争取为自己说话的机会。尽管如此，你仍然无法保证记者就一定会采用你的信息，记者将你的信息原原本本地刊登出来的概率最多不过50%。但那也比根本毫无机会要好得多。

仅仅因为一名记者或制作人看上去很友好很合作，并不意味着你就可以放松。那或许仅仅是他们为了让你说出某件事（那件事并不能真正从战略上对你有所帮助）而做出的姿态。当然，也不能仅仅因为一名记者貌似不够合作，你就不去为他提供帮助。你应该关注的是，那个计划中的采访是否能给你带来一个阐述自己观点的机会。从战略角度上来说，那才是对你最为重要的问题。

塑造“语录”

无论是供职于何种媒体的记者，他们都总是在寻找可资引用的“语录”。通常，一次采访的首要目的，就是把你的“语录”直接刊登出来。在针对一个事件的报道中，也许围绕事件本身的采访已经告一段落，但是，如果那位记者刚好“抓到”了一段出人意料的言论，那么他很可能就会“见风使舵”，转而围绕这段有趣的“语录”去继续炒作，哪怕这篇文章的角度可能已经完全背离了他的初衷。如果你能发表令人印象深刻的言论，从而有效阐述你的观点的话，那么你就有机会从整体上影响这个报道。大部分这类“语录”都非常地精炼。冗长复杂的细节描述可能会在一定程度上影响或改变一个记者的看法，但这些描述不大可能出现在最终的报道，因此自然也就不会被传递给目标受众。

比如说，如果你是一家陷入麻烦的汽车公司的老总，此刻正有一个记者准备约你谈谈公司内部高层的人事变动问题。那么，你或许会用一些细节来解释目前这种局面：

> 我们新的市场部经理在 Jones 汽车公司任职时，曾经创下销售增长的记录。我们新的产品部总监，在 Lasagna 汽车公司时曾成功削减了 20% 的成本。自从我去年加盟 Smith 汽车公司以来，我们已经从整个汽车行业重新网罗了一批高级管理人才，他们在我们的所有业务，都掌握着广泛的技术和多年的经验。而我们之所以如此大刀阔斧地改组管理层，是为了确保我们的转型方案能够顺利实施，我们整个架构内都需要具有经验和奉献精神的专业人才，特别是在高级管理层中与我一起共事的伙伴。

像这样一段话大约需要 35 秒才能说完，而对于一名记者尤其是电视电台记者来说，很难将其编辑精简到一个便于使用的长度。其实，你的核心观点完全可以非常清楚地在 10 秒中之内被阐述出来：

> 为了使这家公司有所转机，我们需要招募所能找到的最优秀的人才，无论他们是从何处而来。这就是我们正在做的。

在你已经向记者表述过这段简短的、可资引用的话语，也就是阐述完你的观点之后，当然，你还可以补充一些细节：

> 比如，我们新的市场部经理在 Jones 汽车公司任职时，曾经创下销售增长的记录；我们新的产品部总监，在 Lasagna 汽车公司任职时曾成功削减了 20% 的成本。

使用信息金字塔将有助于提炼你的信息，使你的观点更易于成为一句令人印象深刻的话。

你或许多少会感到一丝诧异：一个记者最优先考虑的不是让你难

堪。恰恰相反，作为记者来说，他们最初的想法都是帮你在受众面前表现得更加才智过人、能言善辩。你表现得越出色，这个故事也就会越精彩。你的话听起来越是充满智慧，那么记者也就会相应地看起来越聪明。因此，结结巴巴、令人尴尬的陈述很少出现在出版物或广播电视中。当然，也有例外，其中最常见的就是那些看似聪明，实际不合时宜的陈述，而一时的失言，会在瞬间变成媒体新的炒作热点。或许，一个从事调查报道的记者，会揪住你的一个谎言、一句自相矛盾的话不放，然后竭力去制造出新的媒体热点。但是，对大多数记者来说，他们采访的目的就是为了得到一个好的故事，然后按照他们的读者和观众能够理解的方式将这个故事讲述出来。如果你的信息本身是积极的且经过充分准备的，那么经过有效的传播后，就会让你和你的公司树立一种健康的形象，至少可以处在一种尽可能有利的舆论氛围中。反之，如果你的信息缺乏准备或者缺乏训练有素的传递，那么，即使你没有犯下任何严重的失误，都会使你在有限的采访时间内为招架记者的负面问题而疲于奔命。这或许不会对你的整体陈述造成任何损害，但你将因此错失一次非常有价值的战略传播的机会。

超级重大的新闻总是充满夺人眼球的卖点。当一名记者在对那些轰动社会的事件进行报道时，无论他们可能如何放大了事件本身的重要性都无可指责，因为这就是他们的工作。好的记者总是在时刻寻找冲突、争议、胜利者与失败者、受害者和恶棍，因为这些都是构成好故事的要素，而一个好的故事总是记者们孜孜以求的。在现实生活中，当缺乏构成好故事所必需的矛盾时，有的记者甚至会试图让你说出某些事情，由此将你卷入一场论战。因此，要想不掉入那个陷阱，你就得牢记想要实现的战略任务和战略要点，绝不要让那些记者们诱使你成为新闻的主角，不要让他们的这些“新闻技巧”分散了你的精力。总之，你所要做的，就是竭尽全力让受众记住你的观点。

一次采访可能成为你与某位记者或节目制作人建立长期合作关系的机会。在过往的许多案例中，最初吸引记者的其实多半是你不愿发表的负面消息。但是，如果你能在种种困难局面下，仍然能完成一次出色的采访，那么，那位记者就很可能会再次回来找你，并报道一个你真正想看到的故事。反之，如果你在采访中表现得很糟糕，那么那个记者可能从此不会再来找你，你将失去媒体正面报道的机会。这也就是说，**你要在每一次采访中，都尽可能有好的表现，哪怕在短期内没有回报**。

特别是在接受广播采访时，语言精练就显得更加重要了。通常，大多数人说话时的语速都保持在每分钟 150 字左右，而今天一般的媒体引用原话都不会超过 10 秒，照此换算，也就是 25 个字。所以你必须要做到“惜字如金”。即使是在空间和时间都不那么受限的网络媒体上，你置于文章开头的原话也可能是很简短的，而后才是一个更长版本的包含全文内容、背景资料的深度链接，以及相关事件的补充链接。但是，除非你的话极具冲击力，并且在屏幕上格外突出，以至于能够瞬间捕获读者的眼球，否则的话，很少会有人有兴趣点击那个链接进行更深入的阅读。这与电台或电视中的摘录语都是一样的道理——冗长而复杂的长篇大论永远不会出现在报道中。摘录语之于一则广播新闻的作用，就好比直接引用语之于一篇报纸上的文章。简言之，无论何种媒体，道理都是一样：讲故事的不是你，而是记者。记者想从你这里得到的，是一段可被人们记住的话语，且这段话能够一语中的，直指问题的要害和核心。一段能够让人铭记的引语，要能高度浓缩你的观点；一段让人印象深刻的引语，要能让受众对你的信息感觉耳目一新。为了确保你在采访期间所讲述的内容都能够被写进报道中，你需要表述清楚自己的观点、尽量使语言丰富，最好使用一些让记者都感觉没法更好的“经典语句”。随着纸质和广播媒体的报道越来越简短精炼，并且你不可能是所报道事件的唯一采访源，因此你所能期待的，只能是自己的一小段话能够被媒体采用。所以，你一定要记得提前定位好目标受众，然后在采访中尽一切努力让你的话对他们发生作用。

驾驭采访的 10 大杀手锏

咋看起来，驾驭采访似乎是一个很高的要求。但为了能让媒体采访能优先考虑你的传播战略，你就必须要驾驭采访。也就是说，你要使原本对你进行的采访，变成像是采访记者一样。当然，这可不是轻而易举的事，但也绝非毫无可能，只要掌握了几条简单的技巧，你就能在自己接受采访之前准备得很好。在采访中间由于紧张可能说出某些不合适的话，或者突然忘记原本准备要说的话，这些都是时常发生的意外情况。克服紧张的最好方法，就是事先想好你要表述的核心观点，以及你阐述的方式。这样，便可以极大地避免说错话或者忘词之类的尴尬。

如果可能的话，你可以在采访之前给采访你的记者发去一份简要的支持材料，同时自己留一份备份。这份“摘要”应该包括基本的事实以及与事件相关的数据：对你公司的简要介绍、对问题的总括和一份简短的个人传记，当然，篇幅要越短越好。不要不厌其烦地去发布你们公司的最新的年度报表，虽然对于记者来说，背景信息非常有用，但现实中他们很少有时间去阅读冗长的资料，无论这些材料多么重要。所以，把这些背景信息汇聚到一起，并对要点进行梳理，不但有助于记者，而且对你多有裨益。

在记者走进门之前，你要清楚地知道自己想要说什么。精心地准备好你的信息，并牢记于心。想象一下当这篇报道最终问世时你想看到的情况。如果你有机会自己亲自撰稿，那么你将会如何去写呢？你希望自己的那些话被引用呢？你想在报道中使用怎样的标题？如果你不说出些什么信息来，那么记者就不可能采用。所以你要尽可能早、尽可能多地在采访中灌输你的信息。不要担心啰嗦，应尽可能地利用每一个合理的机会去反复重申你的主要观点，因为你阐述观点的次数越多，记者采用的概率就越大。记住，此时你就是专家。不要担心那个记者可能对你所谈的问题一无所知，或者对你目前所充当的角色充满敌意，即使那样，他也仍然要从采访记录中提取你的信息。

如果采访是以一系列友好的“热身问题”开场，那你也不要麻痹大意，从而陷入一种错误的安全感当中。作为记者，他们通常以这样的方式开始，其目的无非两个：一是为了获取基本的信息；二是让你放松神经，便于随意交谈。此时，你应该集中自己的注意力，并在整个采访的始终都保持警惕。当然，你要尽可能在采访的一开始，就利用友善的问题将你的核心信息传递出来。如果你的信息清晰有力、组织得体，那么，这就会引导记者沿着你所设想的轨道与你交谈下去，从而避免让他提出一些令你难以应对的问题。

记住，不管在采访中是否使用了摄影机或录音设备，**你在采访中说的每一句话，都有可能被“记录在案”，被报道出来**。我们公司曾接待过这样一位企业高管，他在华盛顿辛苦地开完一天的会议后，在回纽约的班机上与另一位乘客展开了“闲聊”。在谈话中，我们的客户从未去询问对方的职业，而对方也没有主动告知。当时那位乘客既没有记录笔记，也没有提任何尖锐的问题。在我们的那位客户描述自己和公司正在与联邦执法机构存在一些问题的细节时，他只是在一旁礼貌地倾听。你完全可以想象得到，当这位高管在第二天的晨报上看到自己的这番言论时，那瞠目结舌的表情……毫无疑问，飞机上与他“闲聊”的那个人正是一名记者。所以，千万要牢记，你对任何人说的任何事情都可能被写进新闻报道中。

采访前，记者与你进行的看似漫无目的的闲聊，或许真的没什么用意，但也很可能会是记者用来获取信息而故意为之的一种策略。通过这种方式，记者可以确定采访中提问的方向，同时这对你来说，不仅是一个非常好的传递信息的时机，而且还可以引导采访按照你希望的方向推进。认为一名记者没有做记录，就断定他不会记得你说过的话、不会将其写入报道中的想法，是十分愚蠢的。一个聪明的记者通常都是等到采访的最后阶段，才会提出那些尖锐的、刁难性的问题，而他们这样安排的目的，就是为了防止你一怒之下拒绝将谈话继续下去。如果这一切刚好碰巧发生的话，那么，无论你对面的那个记者表现得多么咄咄逼人，你都不要失控，也不要主动要求终止采访。因为，你的“爆发”很可能会被现场的镜头记录下来，从而成为记者报道的主题，或者成为轰动性的电视新闻，甚至还会出现令你感到恐怖的公关危机。那时，恐怕你也将无法实现你的战略目标了，而你所传递的那些积极的信息，则要么会被淹没在嘈杂的背景噪音中，要么会完全被抛离于报道之外。

杀手锏 1：应对尖刻问题

如果你在采访前的准备足够充分，那么即使面对最尖刻的问题你也能从容应对。无论记者的问题听起来可能多么地随意、咄咄逼人或者不怀好意，你都可以通过转换话题，将自己的关键信息融入回答中。你首先要保持冷静。如果你能清楚地知道为何要接受这个采访，而不管应对采访看起来有多么困难，那么，你也就能够保持足够放松的心态与记者心平气和地周旋。你要尽可能快地阐述你想表达的那个核心观点，因为，如果让记者感觉获取你的信息是件很难的事，那么他多半不会再去劳神费力地尝试，或者干脆从你的讲话中摘取一些不那么重要的信息来报道。而你将失去一次很重要的阐释观点的机会。

看看下面例子，思考一下你会如何解决这样的难题。

问题：你们公司对生产的洋娃娃都进行过测试吗？例如当孩子玩耍时，纽扣做的眼睛是否会脱落继而被孩子吞咽下去。

较差回答：是的。

较好回答：是的，我们都检查过。产品的安全性始终是我们最重视的问题，这不仅是关乎生意的好坏，同时也是我们的社会责任之一。况且，我们自己的孩子也喜爱玩具。

刁难性问题：你们公司准备何时停止生产那些损害无辜儿童的不安全的玩具？

好的回答：我们一直把安全放在第一位。安全的玩具对于玩具公司来说，不仅仅能带来好的生意，生产安全的玩具也是我们对社会的责任。我们每年都要花费超过 10 万美元来测试我们的玩具，以确保它们是安全的。而且，我们公司的大多数员工都有自己的孩子，我们把自己生产的玩具拿给他们玩。这些都足以说明我们产品的安全性。

记者在抛出问题时是态度温和还是带有挑衅的味道，这对你并不重要。以上这个例子中的问题都是围绕同一个问题——安全性。如果你事前做足了功课，为采访进行了充分准备，那么，你就会提前预知到——安全可能会是被问到的最重要的问题。然后，你就会去准备好有关安全问题的回答，并在记者抛出这个问题后，立即就能积极地予以回应。传递信息的最有效的方式，就是始终保持积极的姿态，而不论你面前的记者态度如何。采访不是决斗，与记者争辩无助于你将信息传递给受众。况且，你永远也不可能赢得与记者之间的争吵。记住，永远都是他们在写故事。

杀手锏 2：主动传递信息

用一个简单的"yes"来回答玩具是否安全的问题，当然也没有错。但是，仅仅没有错是绝对不够的。你接受采访绝不只是为了回答记者的问题，以及传递一些他自己很容易就能从互联网上搜集到的信息——那样只会将主导权交到记者手中。你最应该做的是，把你的信息，即你们公司在玩具安全方面的巨大投入，传递给你们最重要的目标受众。同时，你应抓住这个机会，在除了回答记者的提问之外，主动传递出你的核心信息，以影响受众。

尽管你应该尽量用一种轻松的方式去传递信息，但媒体采访绝不是普通的交谈。对记者的问题有效地回应，是有效传递信息的第一步。但是你的终极目标，可不仅仅只是回答问题，你的任务是去传递信息，而记者的任务，是获取一篇好的故事。所以，主动将你的信息编织成一个打动人心的故事，常常比让记者迫使你来"挤牙膏"，或由他自己去绞尽脑汁地描绘都要更加有效。反过来说，如果你帮助记者挖掘了一个好故事，那么他也就更有可能去帮助你阐述你的观点。

在这个过程中，多使用一些让大众容易理解的词汇和概念，将会有助于你的目标受众更好地记住你所讲述的内容。此时，你要避免一切"专业术语"。能用一个简单的词汇表达意思时，绝不要使用那些含糊不清的修饰性词汇。

在某块地的归属权争议中，你可能这样说："不管对方如何辩解，我们都保持着争议中的那块地的所有权，包括所有有形的和无形的资产，无一例外都是属于我们公司的。"

但是，此时你只需说一句话："我们公司拥有这块地产。"传播效果就要好得多。在玩具公司的例子中，这样说的确没有错："我们对生产的玩具进行了压力测试，对各种可能的危险进行了反复的测试。"但是如果换作另一种方式来陈述："我们把布娃娃放在机器上，然后用相当于500个4岁孩子大小的力气击打布娃娃。"传递效果将更加明显。

尽管我们明白，一次成功的采访并不只是回答问题。然而，当你处在真正的采访环境中时，那种压力还是会很容易就让你跌入到无助的陷阱中：你要像看待一位正要对你提出难题的老师一样盯着记者，期盼自己做出迅速而准确的回答。本能和多年的训练让我们相信，如果我们只是迅速而准确地回答记者的提问，而不说任何不当的话，那么采访就将是成功的。事实远非如此。记者既不是你的目标受众，也不是你的老师，他只是一个寻找好故事的新闻人。而你自己，也不是学生。你之所以做这个采访，并不只是为了回答记者的提问，而是为了将一个重要的战略上的核心观点传递给目标受众，一个你希望通过记者代表的新闻媒体接触到的受众群体。即使在最困难的形势下，媒体采访也应该是相互受益的。采访应该完完全全地属于你，就像属于记者一样。但是在那之前，你必须保持对采访的控制。

杀手锏3：临危不乱

无论一名记者在你面前显得如何咄咄逼人，都不要因为一个不怀好意或建立在错误前提下的提问，而让自己摆出一副防守者的架势。**你的愤怒只会徒增记者制造"负面新闻"的概率，而丝毫无助于实现你的战略目标**。看似不可思议，但那些充满敌意、建立在错误前提下的问题，事实上恰恰就是通向积极的关键信息的捷径之一。你所需要说的只是"不"、"那并不准确"或者"我可不那么认为"，然后便可立即转向那些"真实的情况"，即你的关键信息。但此时你须牢记，千万不要犯下尼克松总统说出"我不是个骗子"那样的错误。你应时刻警惕，绝不要在回答中重述提问者的负面词汇——那样只会让你看起来像是在为自己辩护。

如果你发现自己在某次艰难的采访中变得愤怒，那么应立即叫停。此时，你可以先深呼吸，然后告诉记者你需要梳理一下自己刚才说的内容。接着，低头思忖片刻（在这个间歇，你要保持安静，同时集中思想，并恢复你对情绪的控制），然后再抬起头说："现在，你是否介意重复一遍你刚才的问题？"如此一来，这个短暂的停顿便消解了那个充满敌意的采访者的气势，同时还稳定了你的情绪，从而重新掌握对谈话的控制。无论何时，当发现自己处在一种愤怒或对抗的情势中时，你要始终记住"任务至上"的原则。正如不要为了急着想杀掉那些鳄鱼而忘了你必须先排干沼泽里的水，你也不要过分去理会记者个人的那些令人厌恶的问题。总之，一定要牢牢把握你想阐述的那个核心观点，因为这是你在采访中完全可以控制的部分。

一个对采访话题不是很熟悉的记者，或者只是为了能够从你口中"钓到"故事的记者，可能会向你提一些完全不必要的复杂的多重问题，以从你的口中找到理想的回答。这类多重问题可能会令人非常困惑，尤其是当你不厌其烦地去逐个回答记者提出的每一个问题时。当你面临多重问题时，一个更加安全而有效的解决办法是，选择与你的核心信息最相关的那部分，对其进行回答，而不去理会其他问题。如果你的回答不是记者真正想要的，那么他还会再问，但是在这个过程中，你已经成功地为自己和那个记者节省了大量时间，并化解了潜在的混乱局面。

杀手锏 4：实事求是

作为信息拓展过程的一部分，你或许事先已经清楚地知道会被问到的某些问题，但出于某种战略上的原因，请不要去提前给出答案。当然，世上也不存在什么魔法能够阻止记者向你提出尖锐的问题。你无法避免，所以你需要仔细地盘算好该如何去解决它们。对你来说，最糟糕的是，在你酝酿着回答某个问题的时候，突然意识到这是一个自己最应该回避的话题，而记者的摄像机正对准了你。你必须要避免的，是那些你自己也不知该如何回答的问题。如果你不知道一个问题的答案，那么就直说无妨，然后让记者给你提供更完整的信息。如果问题完全超越了你能力所及的范畴，那么就请记者去寻找别的信息源。这样，那个记者除了记下你的话，并进入下一个环节之外，也没有其他选择了。

也许那个记者还不死心，他可能会继续尝试怂恿你去做出某种推测，以此来让你放松警惕，比如下面这样一个假设的问题：

> 哦，琼斯先生，我知道你目前还不是很清楚是什么引起了那起爆炸，但你是否认为有可能是附近那个装着异氰酸甲酯的大气罐的缓慢泄漏引起的呢？我们前面采访过的一位专家就曾考虑过这点。

不要掉进这个陷阱。所谓的猜测，无论当时听起来有多么合情合理，最后的结果很可能被证明是大错特错。当然，那个记者是否真的曾和某位“专家”谈起过这个话题，你也根本无从得知。所以，当面对一个“如果……会怎样”之类的问题时，你在回答中所应坚持的一个原则就是——实事求是。你可以这样回答：

> 这场爆炸的起因仍旧是个未解之谜。目前我们正夜以继日地调查事故的原因。但现在最重要的是我们的工人和生活在这座工厂周边的每一个人的健康和安全。为了保证安全，我们目前采取了以下措施……

你用这样一个回答，就礼貌地拒绝了对爆炸原因的推测，然后就将话题推进到你想阐述的有关健康和安全重要性的问题上，后面紧跟着的就是你们目前正在采取的相关措施。

与此类似，如果记者提起一桩悬而未决的诉讼、一个商业上的秘密、一些私人问题、安全问题或者触及其他一些禁区的问题，你要努力地拒绝予以回答或者做猜测，才能避免陷入麻烦。你要迅速过渡到你能够自由谈论的话题、你的核心信息以及你想阐述的观点。下面是几个如何回避禁忌话题的实例。

现在谈论这个问题恐怕还为时尚早，我必须要等到检查全部结束后，才能给出一个准确的结论。但是，现在我可以告诉你的是，我们正……

我相信你知道我们的竞争对手也会很高兴获得这个信息，所以你肯定明白为何我现在不能告诉你……

对于一桩尚未宣判的法庭案件，我不可能对诉方的言论发表评论。但可以告诉你的是，我们的测试已经证明，如果使用得当的话，这项产品绝对安全。此外，我们还保持着一项令整个行业都羡慕的安全记录……

当然，记者也有可能变换着形式反复地追问你同一个问题，企盼你能“一不留神”钻进他们设下的圈套，从而在记录中留下你的“推测”。但是，如果你明确地表示出不会顺着他们为你铺下的这条路前行，并且能够清晰地解释出为什么，那么他们除了接受你的解释之外也别无他法。但须谨记，只有能够清晰地解释你为何不能回答那个问题，才会使别人觉得你的做法合情合理，而一味地拒绝回答则只会让你看起来傲慢无礼、底气不足。一旦你“不慎中招”——对某些负面的东西做出哪怕最微不足道的推测，也会很容易就让你陷入危险，一遍遍地重复着那些负面的言论，即使你再怎么样竭力地辩解，也都为时已晚。

你也可以通过对记者的核心问题进行全面透彻的分析后，控制采访的走向和结果。如果被问到一个宏观的问题——“生命的含义是什么”时，你可以考虑将回答集中在你最想阐述的那个微观问题上（例如“这家公司的生命主要就是生产出安全的玩具”）。如果被问到一个微观的问题——“在每个针尖上到底可以有多少个天使跳舞”时，你可以考虑给出一个宏观的回答：“首先让我解释一下，为什么天使在针尖上跳舞对我们公司如此重要”。你面前的记者可以自由地发问，但他无法控制你的回答，除非是你给了他这个机会。

如果你清楚地理解了自己的战略目标，并且经过悉心准备在采访中用一种令人印象深刻的观点来阐释你的理念，那么你就能迅速地以一种极具新闻价值的方式将其传递出去。记者可不会派出一支“搜索队”去从一大堆无关紧要的信息库中检索你的信息。只要你能讲出一个好听的故事，并且经过精心准备，用一种能够帮助记者出色完成任务的方式将故事讲述出来。那么作为记者，他们是不会为了想达到自己的初衷——挖掘一个好的故事，而用问题给你布下陷阱，或者使你愤怒，或者让你一头雾水，因为那只是他们的下下之策。

杀手锏 5：警惕“记录在案”

正如人们常说的，所谓秘密，就是你告诉别人的某件事情。所以，当你面对媒体时，脑子里时刻保持几分“玩世不恭”的警惕也是个不错的主意。**只有在面对记者时闭口不谈的事才真正不会被“记录在案”**。无论你对一名记者有多么了解，无论他如何迫切地向你探听内幕消息，你都要保持一定的警惕，不要说得太多。如果一个记者不能秉持原则的话，那么你就不必再跟他多说。因为到了那时，不管你说了什么都很可能被发表出来，并且还可能成为报纸上的头条。

不要幻想在面对一个记者时，你在采访中所说的话不留下一丝破绽，只要他想,就不可能找不到可以利用的“口实”。要想制造合理合法的“误解”，他们有太多的机会，而对于自己的真实动机他们却可以缄口不提。至于那个记者采访的初衷，是否得到了编辑或出版人的许可你根本无从知晓。同样，你也没有办法知道，如果将来某一天有某位法官或检察官强迫那个记者曝出你的姓名时，他是否还会愿意冒着被关进监狱的风险来保护暴露了这一秘密消息的你。不要和记者过多地纠缠在你所说的哪些话不会被报道这样复杂的交涉中，通常来说，你事先最好就要准备好你讲述的任何内容都会被记者随意使用。然后，就要约束自己。面对媒体，任何时候都不要说出任何不妥的话，以免在第二天被报道而后悔不已。这不仅有助于维护你的声誉，而且也能激励你认真考虑在张口之前到底想说些什么。同时，你想好了要说什么，既方便了记者完成他们的工作，又能最有效地传播你的信息。

杀手锏 6：少说“不发表意见”

“不发表意见”并不是一种最好的回答。你拒绝回答某个具体问题的动机可能绝对纯正，但如果你用类似“不予评价”、“没有意见”之类的语词来回答一位记者的提问，那么受众就会猜想你要隐瞒什么事情。不幸的是，当人们使用“不发表意见”这样的措辞时，就好像人们在行使美国联邦宪法第五修正案所赋予的权利一样。当然这绝对是合法的，或许在某些情境下甚至是令人尊敬的、完全正当的做法。但是，如果是在无情的公众舆论下，那就是一种大错特错的做法。幸运的是，还有其他在实质内容上完全一样，却不会损害你的信誉的表达方式。

我们看到了这个有趣的“说法”，但是目前这就是我所能说的全部。

那只是解决了部分的问题。

那只是目前我们正在研究中的议题之一。（然后对“正在研究中”的这些议题给出更详细的说明，以使你们的公司形象更好。）

这其实就是另一种形式的“过渡”。通常，你也要有一个预期和准备，因为世上没有任何工具和技巧能够让你在毫无准备的情况下拿来就可以用的。在现场采访的压力下，人们很容易忽略那些熟悉的问题及其回答。结果，当记者向你提出刁钻的问题时，即使你能给出最好的防御性回答，也仍然会陷入到一种不利的情势中。总之，无论记者提出什么样的问题，无论他们如何发问，你都只有在经过深思熟虑的准备后，才能做到运筹帷幄，并掌控采访的进程，从而更加容易地把自己的信息传递给你的目标受众。

杀手锏 7：避免过多的数字

无论是在广播电视媒体还是纸质媒体，都要避免使用过多的数字。特别是在广播电视，数字通常都会分散受众的精力，只会导致更多的困惑。即使在报纸和杂志上，数字也常常会让读者放慢速度，回过头去重新看那一个个冗长的数字。而陷入太多的数据旋涡，只会更加难以认识数据实质的重要性。大部分观众、听众乃至读者，在关注一个数字时，更多地是去判别这个数字是大还是小。除此之外，他们根本不可能精确地记住一个数字的大小。在费力地看那一串让人眼花缭乱的数据时，哪怕数据绝对准确，并与主题密切相关，也很可能让受众以为，你是在故意绕晕他们，那只会降低你的信用。

如果你无法避免使用数字，那么只要说出一个大概的数字，使受众能够更容易地记忆即可。比如说，在谈到“1 231”这个数字时，最好用“大约 1 200”来代替。而在提到更大的数字，比如“243 350”这个数字时，要说“差不多 25 万”。在表达“9 997 542”这个数字概念时，只需用“将近 10 亿”即可。如果你出于某种特定的原因，必须使用精确的数字时，也要尽量在每句话中只使用一组数字。对于纸质媒体来说，你在进行解释时，可以使用图表和表格。但是不要指望一位电视记者会给你的图表拍照，尽管他们可能会用你的数据来制作他们自己的图表。此外，视觉效果对于广播电台来说，当然是毫无用处。

杀手锏 8：勇敢纠错

我们每个人都会犯错。但如果你在采访中犯了错误的话，那么千万不要支支吾吾地试图纠正错误。这时，你只要停下来，然后说：“如果可能的话，我愿意重新再试试。”这种方法也同样适用于在采访之初，你突然意识到自己犯了一个错误或者可能留下错误印象的情况。但你千万不要因为过多的解释，而引来人们对你的错误投入过多的关注。这时你只需停顿一下，说：“我希望先回到我们之前谈论的问题上。”然后重复你先前的回答，但是这次要加上正确的信息或者特别强调补充。

在采访中，任何人都可能思维短路，任何人在尖刻的问题面前，都可能陷入慌乱。如果这种情况碰巧发生在你身上，那么你千万不要惊慌，停下来，然后对记者说，“你知道，我不确定我是否理解了你的意思。请你为我重新复述一下那个问题好吗？”在那个记者回应的空当，你抓紧时间做一个深呼吸，同时集中你的思路。或者，停下来说：“我愿意重新再回答一遍那个问题。”然后停顿一下，低头考虑清楚你的回答、过渡语句以及你在给出另一个答案之前想传递的核心信息。

如果你没有明白一个问题，就别怕要求记者再重复一遍提问。不要仅凭自己的猜想去回答记者的问题。如果那个问题本身非常令人困惑，或者由于你思维混乱而没能记住，那么你就单刀直入，直奔你的核心信息，直接阐述你的观点。记者可能会像你一样困惑，这时候，你应该重述你所需要的全部信息，以重新掌握对采访的控制，让记者回到你的轨道上来。即便是最坏的结果，你也能利用另外一次机会，使你的信息被记录下来。

杀手锏 9：保持节奏

为了搅乱你的计划，甚至让你说出一些本不应该说的话，一些记者可能会加快采访的节奏，不断向你提出问题，而几乎不给你反应的时间，更不要说让你经过认真考虑给出回应了。如果在采访中，你发现自己正被强迫着进入到一种令你不安的节奏中，那么尽管停止谈话。此时，记者所能做的是随你一道停顿下来，或者跳到下一个问题。不管哪种方式，都会让你重新控制住采访的节奏。最终，那个记者会不得不让你按照自己的节奏来给出回答。如果记者继续打断你，你可以对他说这样的话：“请让我讲完。你刚刚提出了一个很好的问题，我想确保你能够得到最好的答案。”此时你不但要始终保持冷静，而且要充满自信。不失礼貌地坚持阐述完你的观点，即使需要你时不时停顿下来去做这件事。记住，记者是不可能引用你没有说过的话的。但是你说过的任何话，都有可能被记录在案。故意加快采访的节奏，仅仅是记者的一种伎俩，其目的是让你偏离自己的轨道，甚或是制造出一些你不希望看到的新闻。

杀手锏 10：保持诚恳

无论所处的环境多么令你不安，展示你的诚恳永远是最好的策略。如果你没有对一个记者完完整整地道出实情，而又不幸被对方识破。那么，你很可能将以一个非常难堪的结局收场。无论记者采访的初衷是什么，你的虚假言论都将迅速成为新闻，而你的声誉亦将永久受损。正如在华盛顿流行的一句名言：**最大的丑闻往往不是最初的犯罪，而是后来的伪饰**。外号“小摩托”的刘易斯·利比（Lewis Libby），就因曾披露了一名 CIA 卧底侦探的名字而受到起诉。其实，在早期调查中，检察官并没有找到足够的证据来证实这项指控。但是，利比自认为犯了重罪，因而对检察官撒谎，结果却弄巧成拙——利比受到了检控。因此，要保住你的信誉，最好的方法就是提前为采访中可能遇到的最艰难的问题做好准备。唯有如此，才能确保你所说的每一句话都能绝对地无可挑剔。

警惕幽默的反作用

幽默总是好的，但前提是，你能在既不造成别人任何的对抗情绪，也不让人感觉你是在故意掩饰某种不快的局面下，恰到好处地使用。能讲出诙谐幽默的笑话，是一种才能。可是，在现实生活中，并非每一个人都拥有这种能力，甚至更糟的是，有些人还会讲一些蹩脚的笑话。一般来说，你最好不要刻意去表现自己多么富有幽默感。为了防止不必要的尴尬，你在遇到那些欠缺幽默感或者对你的话题不太感兴趣的人时，要尽量先“投石问路”，试探一下笑话的效果。如果那位缺乏幽默感的人反应很好的话，那么你就可以在采访中展示你的幽默。但是你仍旧需要慎重处理你的幽默。仅仅因为你的朋友和同事告诉你，你的玩笑有多么风趣，并不能保证外人也会理所当然地接受。

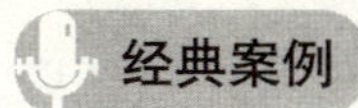

别让幽默坏事

在迈克尔·艾斯纳（Michael Eisner）担任沃特-迪斯尼公司的CEO时，曾有一次在NBC的“今日秀”（*Today Show*）节目中谈起了当时公司在佛罗里达的新动物园。与大多数其他迪斯尼主题公园不同的是，这个公园最大的特点是拥有大量活生生的动物。这迅速引起激进的动物权利保护主义者的愤怒，并将这家公司推向声讨的枪口下。“今日秀”这期节目在这家动物园的开园日进行了现场直播，这其实就是一场企业宣传活动，而并非是一次带有抨击性的调查性报道。

但是，当艾斯纳面对现场采访的时候，他表现得非常奇怪。在与反对者持续数周的论辩之后，艾斯纳带着明显的戒备心理，甚至带着不友好的架势来接受这次采访。他总觉得别人会质疑公司建造公园的良好意图，因此也就明显地表露出一副很恼怒的样子。很显然，他已经感受到了那股被动物权利保护者们掀起的热浪。但更糟糕的是，他并没有准备好该如何应对一种不可避免的事实，即在公园开园的期间，一些动物可能会死掉。而恰好就发生了这样的事故——数只异国禽鸟被一辆载满参观乘客的游园巴士碾死。这个节目的采访者是凯蒂·库里克（Katie Couric），一位并非以犀利的发问而见长的记者，甚至她也没有提到任何稍微令人感到不快的问题。

在这样的情况下，如果艾斯纳能够像节目制作者所期待的那样一帆风顺地进行下来，那么这个采访将很自然地按照计划完成，就跟当天为庆祝开园上演的那场交响乐一样完美。但是不知道出于什么原因，艾斯纳决定开个关于那些死去动物的玩笑。他出乎意料地对库里克说出的一句话，令后者惊诧不已。“在这个公园里的每个动物最终都会死去，就如同我们所有人一样”。这句话是没错，但放在这样一种环境下，就不是一个令人愉快的话题了，而是一个相当糟糕的“笑话”。在那段录像带上，当库里克坚持要就死去的动物，以及所有观众的生死问题进行解释时，艾斯纳明显变得紧张不安起来。

尽管我们不是很明白，到底是什么让这样一位聪明人在国家电视台上干出如此让人震惊的举动，但在这里，我可以给出我的分析。我们知道，新建的公园中一些动物的意外死亡，给了那些维护动物权利的激进人士借题发挥的机会。艾斯纳和他的传播团队当然会预料到在节目中他会被问到这个问题，尽管这个访谈节目的整个氛围是有利于迪斯尼的形象推广的。在他们的一次传播策划会上，很可能有人开了这样一个玩笑，说维护动物权利的激进人士有多么愚蠢和不切实际。正是这样一个随口说说的玩笑，让艾斯纳决定在采访中讲一下这个笑话。因为他是 CEO，所以在他讲这个笑话时，他公司内部的每个人都可能会哈哈大笑。这也让艾斯纳愈发感觉他的这个玩笑在全国的电视观众面前可能会同样有效，结果证明大错特错。事实上迪斯尼公司的那些部门主管们所要做的就是等老板发表完讲话之后说声“yes”，哈哈大笑，以迎合老板，拿到工资。而那个玩笑事后被证明是一个非常糟糕的错误。

应对电子媒体

在接受电视电台以及任何所谓“新媒体”的采访时，你除了要考虑适合于所有媒体的信息扩展与传递的原则外，还要牢记以下这些要点。

不要语速过快，在每句话的间隔都做一次深呼吸。广播电视电台的受众都需要时间去消化你所讲述的内容。与报纸或杂志的读者不同，电视电台受众无法逐页翻看和重读你的话语，所以你要吐字清晰，不可发音含糊。较高的音量在录音及后期编辑过程中容易地被切割及制作。如果你的声音刚刚能被听见，那么就很难保证在后期的录音编辑中，提高音量而不失真。因而在电话采访中，你不但要健谈、善谈，而且还要保证你的声音对于记者来说足够响亮，保证通过麦克风能使你的声音被清晰地听见。

不要在记者话音未落时就急着回答。即使你自信在记者结束提问前，你就能够给出一个圆满的回答，也一定要抵制住心中的诱惑——切勿在采访者停止讲话之前就开始回答。每次你都要停顿一两秒钟，然后再开始回答。渴望回答本身并没有错，但是，如果记者话音未落，你就回答问题（如果你和记者在那一秒内同时讲话，情况就更加糟糕），那么，电台的编辑就不可能清楚地编辑你的录音，也就是说，你的回答很可能无法使用在节目中。而如果你的话语不能够被报道，那么它也就根本毫无意义。

不要让每句话都连在一起，要学会适时停顿。停顿对于录音编辑来说是有用处的，因为他们要花费时间把你的思想组织到一起。不要担心谈话出现片刻的停滞，恰到好处的停顿只会使你的话语方便后期有效地编辑，同时也能帮助听众听清你的话语。一个能够带来更强有力的回答的战略性停顿，是值得你花费一些时间的。你说的越多，听众记住的就会越少。一味地将大量的信息塞进短短的几句话，如果听众无法记住，其结果只会适得其反。所以，你最好每次只用一句言简意赅的话来“击中”你的目标，而不是万箭齐发式的盲目“扫射”。

不要过多地使用长句。或许在纸面上，短小、简洁的陈述句看起来让人感觉呆滞，但它们听起来却像音乐一样悦耳和充满节奏感。而放在从句中的冗长、复杂的句子，可能包含了大量的有趣信息，却会让你原本想要受众记住的清晰简单的要点变得含糊不清。因此，无论何时，你都要尽量用最简单的陈述句式来表述你的信息。每次你很想用一个复合句的时候，为了表意清楚，你都要将其拆分成两个简单句。

电子邮件采访

现在许多记者都已经习惯于通过电子邮件将问题发给他们的采访对象。尤其是当记者的问题简单而具体时，这种方式显得特别方便。一些人甚至拒绝回答除邮件以外的其他形式的记者采访，并且坚持要保留一份详细的问答记录。通过电子邮件的形式来回答记者的问题，往往既方便又有效，但其前提是你必须同样遵循你在现场采访中应用的那些有关信息扩展与传递的原则。当然，电子邮件采访的最大优势，就是它能给你足够的时间去考虑每一个问题，并且组织出缜密的答案。其最大的缺点或者“风险”就是，你要回答记者的每一个具体的问题，不但要回答得精彩，而且必须通过有效的衔接来传递出你的所有重要的核心信息。因此，在你回答问题之前，先花费点时间来酝酿一下，该如何在你的回答与你的关键信息之间进行“桥接”，此外你在书面回答中亦要小心措辞。在你给记者的邮件回答中包含你的关键信息，并不能保证那位记者就会报道出来。虽然邮件采访包含的信息可能比在现场采访还要多一些，但如果你忘记传递自己的核心信息，或者只是在回答一个比较相关的问题时顺带提到，那么将大大降低你成功推销你观点的概率。

电话采访

记者常常是通过电话来联系他们的采访对象。事实上，你接受的大多数采访多半都离不开电话。以下是一些非常实用的技巧，它们将帮助你在电话采访中有效地传播信息。在进行电话采访的时候，许多记者都会直接在他们的计算机上进行记录。在电话中同那些记者进行交谈时，如果你仔细地听，肯定能够听得到敲击键盘的声音。如果你听到电话那端的记者正在打字的话，你很容易就能猜想到，此刻他一定是在忙着对你讲述的内容做记录。如果你刚刚陈述完你的核心信息，那么一定要停下来，直到在电话里听不见敲键盘的声音，才可以继续讲话。这样做的目的就是留给记者足够多的时间，让他记录下你的信息。而那也正是你决定做这个采访的原因。同样，如果在你说出某件重要的事情之后，没有听到敲击键盘的声音，那说明记者很可能在那一刻分散了注意力，或者未能感觉到你这条信息的重要性。因此，你最好再重复一遍，直到你确信他已经掌握了要点并且将其记录了下来。

通过电话进行采访的一大优势是，你可以将你的笔记摆放在桌面上，就像放在你书桌上的提示卡片一样。当然，在与记者面对面进行采访的时候，你也可以使用笔记，但是那通常都会给人一种僵硬的感觉，让你看起来过于循规蹈矩，同时也会分散你的注意力。但是在电话采访中，你就可以把所有需要的资料都随意地摆放在自己跟前。你可以记下你的所有谈话要点，包括对料想中的问题的回答、令人难忘的论据、过渡性词句以及你的核心信息，并对其进行一番精心的组织。

如果可能的话，应尽量保持站立的姿势来接受电话采访。站立会帮助你保持警惕，使你的声音听起来更加洪亮和饱满，而踱步将有助于你保持头脑清晰，使你肺部的气流充盈流畅。因此，如果你要经常接受电话采访的话，不妨考虑给你的电话听筒配备一根延长线，这样你在讲话时就可以随意地在办公室中漫步，以便你能放松神经。这一办法在持续时间较长的现场电话连线采访时尤为重要。能够站着活动身体将大大减轻你的疲劳感，同时，也将使自己听起来更加警觉和投入。

小心你的麦克风

在采访中，很可能会有一个微型麦克风别在你的衣领、领带或者外衣上。尽量不要低头对着这个麦克风说话，只要和记者正常交谈即可。现代的麦克风非常敏感，因此，即便是在麦克风被摘掉之后，也不要以为你讲的话不会被录音。**无论你说了什么，都可能会被记者的麦克风采集到**。如果记者正使用一支手提式麦克风，那么你绝不要触碰它。即使那个记者的行为让你感觉无礼或者带有挑衅意味，也不要试图去抓住眼前的麦克风或是将其推开。这种带有“武力性质”的行为只会令你在屏幕上出丑。

通常在采访正式开始之前，摄像师会要你试一下声音。不过，那并非是在测试麦克风，那些工作在之前就已经准备就绪，他们只是在为你的特殊音质设定录音标准。不要用手轻敲麦克风或用嘴对其吹气，这有可能会毁坏这些设备。你只要用你正常说话时的声音随便说点什么，比如拼写你的姓名，或者从一数到十，再从后往前数一遍。有些人具有非常柔和的声音，有些人则是跳跃性的动态音质，这便使摄像师很难调音。如果对方要你对着另一个麦克风试音，那么，请不要改变你正常的说话模式，也不要改变你的语调或音量，除非你是被要求这样去做。别担心，你没有做错任何事，你要做的只是重复你第一次讲述时的内容即可。不要因为调音系统而束缚你说话的频率，其实调音系统能够处理非常宽泛的音域。在采访中，无论是摄像师还是录音师都会头戴耳机，紧盯每一个仪表，来确保你的声音被完全准确地录制下来。如果必要，还可以再调音。一旦声音测试结束，你就要迅速将精力集中在采访上。

在采访中要格外小心，不要去拨弄那个麦克风或者麦克风线。尽管这是一种很自然的反应，但你必须要抑制住自己的这种下意识举动。别忘了，如今的麦克风可是非常敏感的。如果你一定要在手里摆弄点什么，那么最好选择一支漂亮的、无法活动的铅笔，而不是一支被按动笔头后会发出“滴答”声响的圆珠笔。一旦采访正式开始，那就要彻底忽略掉那些设备的存在，你所要做的，就是与面前的记者进行交谈并将全部精力集中在你讲述的内容上。

在整个采访过程中，麦克风通常都是处在被打开的状态。所以，你时刻都要记住那些整天围着麦克风转的人们所奉行的金科玉律：在房间内任何时候都会有麦克风存在，你所说的每一句话都会被现场录音。从那些工作人员一进门开始，直到他们确实走出你的房门，绝不要说出任何你不想被广播或电视播出的事情。曾经有一位政治家，在某次采访结束后，随口向记者说道，他所在的那个地区的人们蠢到连个广为谈论的主题怎么写都不知道，更别提理解了。恰好他的这些真实言论被记录了下来，结果当然可想而知——这迅即成为整篇报道的主题。而此时，那些选区的居民们，已经将关注的目光都投向这位倒霉的政治家对他们真实的评论上了。

许多纸质媒体的记者通常都会对电话采访进行录音，以便能够确保他们不会丢失采访中的任何信息。出于礼节，记者们都会在采访之前告知你此次谈话将被录音。在美国的一些州，这甚至被明确地写进了法律。所以，既然你已经知道对记者讲述的任何事，都会被记录而且纳入到他们的考虑范畴内，那么，在任何场合你都应当时刻牢记：你说的话正在被录音，而不管你是否接到对方专门的告知。

美国联邦法律规定，任何一家合法广播电台或电视台，在播出你通过电话（无论是现场还是录音）讲述的任何内容之前，都必须获得你的特许。但在这里要再一次提醒，为了确保万无一失，你必须记住，在采访中不要说出任何你不想被播出的内容，无论事前记者或节目制作人是否征求了你的许可。不幸的是，在现实中这类案例比比皆是。人们自以为他们只是在电话里同记者或节目制作人进行一些采访前的非正式交谈，可到头来却发现这些谈话内容出现在电台、电视台的报道中，只是到了这时为时已晚，追悔莫及。以下就是一桩典型的案例。

佐治亚州女议员辛西亚·麦肯尼（Cynthia McKinney）为此付出了惨痛的教训。当时她正参加一场争辩激烈的电视采访，情绪异常激动，此时她完全忘记了自己仍戴着无线麦克风。在演播大厅外，她因为手下搞乱了采访现场而大发雷霆，甚至斥责一名员工是“白痴”。此时她才想起那个麦克风，然后迅速跑回大厅，要求把她刚才在大厅外所说的话当作是“不可引用”的内容。然而现实中可没有这种好事——麦肯尼所说的每一句话都被惊讶的记者们记录了下来，当然，这段录音很快就成为了“大新闻”。尽管麦肯尼委屈地抱怨是那些不负责任的记者故意让她难堪，但是她毕竟还是说了那些话。一旦被记录下来，她就必须为此负责。

这里还须注意的是，诸如卫星广播和互联网这类非电视电台的新兴媒体，自然也就不受传统的广播电视电台的那些法律限制。因此，看似与一位博客撰写人之间随意的交谈，最后也很容易被记录下来，并被张贴到互联网上。而你的话在互联网上立即就会被传统的新闻媒体以及无所不在的网民发现和引用。在数码录音机和手机摄像机的时代，你所说或所做的任何事，现在都已成为可被全世界传播的公开资源。

注意你的口头禅

对于许多人来说，发出“呃”、“嗯”之类的口头禅，完全是在随意交谈中呼吸和思考时的一种下意识举动。不幸的是，“呃”、“嗯”以及类似的噪音就像是伸展在空中的一株刺人的蒺藜。如果你习惯在正常的讲话中使用大量的口头禅，那么你就需要花些时间去练习说一些简单清晰的没有停顿的句子。用什么方式都可以，只要中间不停顿。此时，你可以选择便宜的录音机或录音笔，来反复听你自己对问题的回答。一旦你像其他人一样对其厌烦不已的时候，那么你就能惊讶地发现一些自己此前从未意识到的恼人的说话习惯。然后你就可以改正这些瑕疵。此外，还要尽量避免使用一些讨厌的毫无意义的句子，比如人们常说的那句“你知道的”(you know)。大部分人甚至都没有意识到我们一直都在说着这样的口头禅，但是听众肯定会注意到这些。他们很可能会由于你这些不经意的口头禅，而使得他们的注意力无法集中在你的核心信息上。再次提醒你，在要求更清晰简明、更加严谨的语言的电视电台采访中，大多数人在平常的交谈中很少注意或关心的小细节，将可能对你的核心信息造成严重的干扰，而这一切都是完全可以避免的。

避免使用代名词

书面文章里总是充满了像“你们”、“我们”、“他们”这样的代名词。使用代名词的好处，是可以有效地避免重复，尤其是在人们阅读时保证文章的流畅性。但是在电视电台采访中，最好还是坚持使用名词和特有的名称，即使这样做最初会让你感觉笨拙和啰嗦。需要再次提醒你的是，听众和观众是不可能像翻阅一份报纸那样，回头重新去听前面的录音的。如果你使用了过多的代名词，无论是观众还是听众，都不容易辨清“他们”分别指代的是谁。如果你让受众去逐个分辨这些代名词所指代的对象，那么，他们将没有多余的精力去跟上你的思路，去记住你想让他们记住的那些关键信息。此外，在工作人员编辑你的采访录音时，如果准备在广播中使用的一句话刚好包含一个代名词，而且这个代名词所指代的对象要回溯到前一句话去寻找，那么，这两句话就必须同时被引用。否则受众就无法理解句子的意思。而电台通常只有十分有限的时间来播放你的采访录音，你之前精心准备的那些关键信息很可能被删减掉了。

假如你要在一场采访中说下面这番话：“美国职业安全与卫生管理局目前正在进行一项复杂的研究，想看看玩具制造商们要求工人使用危险的机器来测试他们的产品，是否会出现问题。也就是说，他们正在做审前调查。这其实是在浪费纳税人的钱。”由于前一句话相当长，所以采访你的记者可能会考虑用他自己的方式来传递那个信息，然后再单独使用你的第二句或者第三句话来作为录音节选。但是，这里的代词“他们”和“这”无法在后两句话中单独使用。如果你这样说：“职业安全与卫生管理局正在做一项审前调查（第二句）。职业安全与卫生管理局的研究其实是在浪费纳税人的钱（第三句）。”那就很容易让记者编辑你的话。所以，千万不要让你最想传递的主要信息在编辑过程中被丢失。为了表意清晰、发挥效果以及易于编辑，你要坚持使用名词，避免使用代词。

准备好采访场地

有时候，电视台的记者会邀请你去演播室现场，或者在户外进行一次采访，但是通常情况下，他们都会想到你的办公室来。此时，除非你有一间很宽敞的办公室，非常适合进行采访，否则的话，你应当事先安排好去一间会议室或其他足够宽敞能放置摄像机和灯光设备的场地，以便接受出镜采访。最好不要去无法关闭空调的房间，要提前仔细检查场地。或许你已经习惯了日常生活中的噪音，甚至都意识不到它的存在，但麦克风会采集到所有的噪音，使采访听起来就像是在高峰时段的喧闹街头上录制的。确定你的办公室或会议室都有易于使用的电源插座，以便背景灯和其他设备的使用。如果摄像人员一到达，就有人为他们指出墙上的插座，这将省下许多时间和麻烦。如此，前来的每个人都会对你心存感激。

每次都要提前准备好采访的备用场地，如此当你的首选场地由于某种未曾料想的原因而不能令人满意时，你不用浪费时间和精力去另外寻找一处场地（那只会增加你的紧张情绪）。那些摄像师将会随身带有他们所需的各种装备，他们需要你提供的就是一个合适的场地——有足够多的电源插座，有充足的时间把那些设备安装调试好。

考虑到有些编辑可能会对你的发言进行错误的引用或者断章取义，

所以，你最好提前带上录音机或录像机，以便于在采访拍摄时用其录下整个过程。你的这些设备应小心地放置到合适的位置，而不要影响到摄像人员的装备。如今，在一些重要的采访中留下自己的录音已变得相当普遍，许多新闻单位也已经制定了相关规定来监督这种行为。通常情况下，对方会问你是签署或者录下一份协议书，以表示你承诺对新闻单位版权的尊重，以及你不会为了任何商业目的去使用自己录制的采访。当然，这也是非常合理的要求。

除了自己保留一份完整的采访录音外，你还可以在采访之后要求完整地看一遍你的采访录像，以便分析你的节目播出后的效果。比如，你是否准确地预见到了所有的问题？你是否有效地解释清楚了复杂的问题？你是否使用了过多的“嗯”、“呃”以及“你知道”？你花了多长时间来传播你的核心信息？你的信息表达得清晰吗？传递得顺畅吗？能让人们记住吗？是像信息金字塔那样发挥效用了吗？

你要录下新闻广播中有关你的整篇报道，这样便可以将其同你原始的采访记录进行比较。如此一来，你就能判断出你的信息在经过编辑后的效果，从而有助于你在下一次能找到更有效的传播方式。当然，拥有一份完整的未经编辑的采访记录，以及一份经过剪辑之后的录音报道，同样也是最原始的证明材料。这将帮你在事后检查，你的一些意见或评论是否被断章取义或者被扭曲。

如何闪亮出镜

关于在电视采访中如何着装的图书可谓数不胜数，书中所给出的所有聪明的建议都可以总结为一句话：不要分散对方的注意力。不管你穿什么样的衣服，用何种方式来打扮，只要是将受众的注意力从你试图传递的信息上转移，那就证明你的穿着打扮是失败的。只要不分散受众注意力的着装都是好着装。总之，不要把注意力过多地投入在“包裹”身体方面，而忽略了你在采访中的信息，或者因为着装而无法专注于表达自己的观点。你不是一个在演戏的演员，你要始终努力做回真实的自己。

明确了这些，我们再来说说以下几条简单的建议——它们将帮助你应对在出镜采访中有关仪表和衣着方面的问题。

> 对于男士来说，出现在电视中的最好的服装，就是比较保守一些的、深色的职业装。女士们在穿戴方面也应保持同样的风格——不要穿太小或者色彩对比太过鲜明的衣服，因为在某种程度上，背景灯光会让颜色显得格外惹眼，继而分散观众的注意力。同样，也不要去穿那种俗艳的格子花呢面料的衣服。总之，一句话——避免过分鲜艳的颜色。一件淡蓝色的衬衫和柔和一点的红色领带会使得你的肤色很上镜，因为一般来说，在灯光下，蓝色会有助于大部分人取得最理想的视觉效果。这一点并非偶然，在华盛顿的新闻发布厅内，几乎都挂着蓝色的窗帘。政府并没有对蓝窗帘有什么特殊的归定，只是大多数人在蓝色背景下更具视觉效果罢了。

化　妆

当你出现在电视机前或者一间宽敞明亮的房间中时，可以考虑使用一些透明的粉底来润滑皮肤，并去除皮肤上任何有可能出现在镜头上的亮斑。如果你很容易出汗，那么可以在前额抹一些止汗药，然后在采访结束后洗去即可。在木梳上喷洒一些定型发胶来梳理你的头发，这样会使你的头发柔顺光滑、服服帖帖。可千万不要让你的头发遮住你的脸。

如果你有专业的化妆师为你提供服务，就要尽量利用他们的专业特长。男士们有时不愿化妆，那绝对是个错误——专业的化妆总会令你在灯光和摄像机前容光焕发。女士们常常认为，有她们的日常妆就足够了，但在电视演播室或者大礼堂里的强光下，仅有那些是不够的。想一想，既然能够得到专家的帮助，为何还要冒险让自己脸上“无光”呢？

在走到摄像机前坐下的前一刻，请尽量再照一下镜子。别担心这样看起来很傻，要知道，你的仪表是非常重要的。这也就是为什么那些高薪聘请来的专业人员以及那台价值不菲的设备要守在你的办公室里为你拍照。所以，请梳理好你的头发，并稍稍喷上点定型发胶，随后再用湿毛巾把你面部的油光擦掉，这准让你看起来容光焕发。一旦你整理好自己的仪表坐到镜头前，就要迅速抛开其他的一切琐事，此时，你要将全部的精力都集中到你想表达的内容上。

接受采访的小技巧

虽然记者或节目制作人负责采访，但是，谁坐在哪里以及使用什么类型的灯光则由摄像师决定。除非你确信那位摄像师正在做的无法将你最好的一面展现出来，否则的话，请尽量不要干扰他们的工作。他们要对节目的整体视觉效果负责，所以，除非是极其特殊的情况，否则，他们一定会倾尽全力来施展自己的职业技巧和经验，以便将你和这个报道包装出最佳的效果。

如果采访地点选在你的办公室，那你最好不要坐在办公桌后，除非你是故意要传递出一种居高临下的形象。如果你表现得过于僵硬和刻板，那你就会给人一种想把自己尽量隐藏在权威后面的感觉。但如果你在办公桌后采用过于放松的姿态，那你又会给人留下自以为是、高人一等的印象。一旦让观众产生了这种感觉，那么他们就会对你的肢体语言做出消极的反应，而不会认真聆听你所讲述的内容。除非你能避免那些无意识的举动，否则的话，尽量不要坐在转椅或摇椅上接受采访。而且，这也会给摄像师保持电视画面的效果带来很大的困难。

许多电视采访都是在有明亮的人造灯光的场地内进行的。此时，你要尽量在正式采访之前，在灯光前坐上几分钟，以让你的双眼适应那里的光线，从而避免在采访开始之初时由于不舒服而眯眼睛。由于摄像灯具会散发很多热量，所以，当你坐在下面稍久一点，就可能会感觉非常不舒服。在摄像机打开之前，可用手轻拍面颊来排汗，但绝不要在摄像机打开的时候用手去擦拭汗水。如果你在采访期间真的开始冒汗了，那么就让记者先关闭摄像机，等你把汗水擦干后再打开。

自然大方地打手势，假如你是一个说话时喜欢打手势的人。出于本能的手势有助于强调重点、解释问题，也有助于排解紧张的情绪。完全没必要去强迫自己不做手势，那只会使你更加紧张和不安，而这些将在电视画面上尽显无疑。除非你是突然从椅子上一跃而起，否则的话摄像师肯定可以很好地拍摄你的手势，保证画面的质量。

在问答环节结束后，摄像机和灯光可能会在你身后绕着你移动。为了采集更多的剪辑素材，摄像师会在你重新发言之前，从各种不同的角度对你进行拍摄。所以，在采访期间你要尽量保持同一个姿势，不要随意移动你的身体。因为，过多的移动会使这些重要的切换镜头很难在最后的剪辑中被使用。一般情况下，记者很少会在切换镜头的时候提问。这使得编辑在后期制作中可以方便地整合提问与回答，使采访看起来就好像是被多台摄像机同时进行拍摄的。不幸的是，在你已经完成录音之后，记者也可以用这种剪切技术，重新编辑他的提问。正因为这种方式极易造成滥用，所以一些新闻机构已经明文规定禁止这一行为。不过今天，对于此类采访，一般会有两台摄像机同时进行拍摄。在只使用一台摄像机的情况下，在最后的报道中，恐怕只有你的回答是完全真实的。

放　松

情绪上稍微有点紧张会使你思维敏捷、反应迅速。几乎每个人都会在采访前因紧张而颤抖，关键是要将其控制在一定的程度之内。在采访开始之前，先做几个深呼吸，新鲜的氧气有助于放松你的声带。让自己保持舒适的姿势坐下，但不要显得没精打采。坐在椅子上让身体稍稍前倾，能够让人感觉到你的严肃、专注和投入。而身体靠着椅背或是慵懒地坐在椅子上，则会让人觉得你对采访话题既无兴趣，也不专注，甚至还有一点傲慢无礼。

如果你是坐在一张桌子后面，那么要伸出你的前臂，把双手放在桌面上。如果在身前没有桌子的遮挡，那么就把手肘端放在椅子的扶手上，表现出一副开放、非防御的姿态，或者将双手放于一条腿上，具体的位置应在大腿与膝盖之间。将你的双脚平放在地面距椅子前方大约两尺左右的位置。如果你很想翘起二郎腿的话，那么，请不要摇晃你的小腿。将你的双手轻放在大腿上，但不要紧握在一起，可以将手放置大腿两侧，或者稍稍向前，以便于你在打手势的时候自然舒适。

在记者提问的时候，不要用点头来表示“yes”。在非正式场合的交谈，许多人都会有点头的习惯，以礼貌地表示他们正在倾听和关注，即使他们完全不同意对方正在陈述的内容。但是，如果你在电视中这样做的话，你这种无意识的善意的肢体语言，可能会给观众留下错误的印象，他们会以为你同意记者正在表达或者暗示的某些消极的事情。因此，在记者阐述问题时，你应保持中立的姿态和表情，此时的微笑或是皱眉都可能会在错误的时间传递出错误的信号。留着你的肢体语言到回答问题的时候再去使用吧，到了那时它才能够帮你更好地阐述观点。

不要去理会摄像机，而应始终与采访者保持稳定的目光交流。如果长时间的目光交流开始让你觉得不舒服，或是记者低头看他的笔记，那么就转而看他的耳朵、鼻子或者额头。在摄像机中，那看起来也像是你正在与记者进行持续不断的目光交流。不要让你的眼神在摄制组成员、照相机、监视器、天花板、地板或其他房间里的事物之间游移不定。

保护好金嗓子

只要你一开口说上两句话，你的声音就会给人留下持久的印象。所以，你要尽量用生动悦耳且饱满的嗓音来取悦听众，让他们对你讲述的内容感兴趣。在采访之前，你要有意识地练习发音。就像运动员在比赛之前热身一样，你也可以放松一下你的声带、喉咙、上下颌、舌头、嘴唇以及在说话时需要使用的小肌肉。在正式开口之前，先深呼吸几下，让空气贯通全身，直至脚底。如果你刚好咳嗽或是喉咙发痒，那么就在口袋里装瓶止咳水，当然，最好是在采访之前使用。

在采访前和采访中，不要喝过热或过冷的饮品，这些饮品可能会使你的喉咙发紧，或者麻痹、灼烧你的舌头，使你很难清晰地发音。不要喝酒精类饮料或咖啡，以及任何碳酸饮料。当然，也不要在采访前喝牛奶或者吃奶酪，以及巧克力之类的食物，它们会在你的喉咙背部生成黏液，影响你喉咙的干净清爽。其实，能够帮你释放压力、润滑嗓音的最好的饮料，是温水或者添加了少许柠檬汁的温水。

电台脱口秀

电台谈话类节目正日渐受大众欢迎，只要你理解其真正意义，并遵循几条简单的原则，便能利用好这个强大的传播信息的工具。**电台脱口秀提供的不仅是资讯与信息，更是娱乐。**所以，这类节目往往以挑起论战而见长。除了关注一些非商业上的争议，通常来说，电台脱口秀更为追求的是热点而非亮点。一般而言，不要指望脱口秀节目会对一些复杂问题进行极富思想性的激辩，毕竟，那不是这类节目的主旨所在。电台脱口秀给了普通听众一个独特的参与和被聆听的机会，而成功的脱口秀节目策划人明白，那些打进电话的听众事实上相当于电台音乐频道选取播放的歌曲。因此，成功的电台脱口秀节目策划人会尽量小心地选择他们的电话参与者，但这或许并不是按照你想象的那种方式。

对于电话参与者的选取，很少是按照“先到先得”原则的。只有一小部分的听众曾经往脱口秀节目打过电话，而能够成功拨通这些热线电话的听众比例就更小了。作为这些节目的策划人，他们也不会很认真地去尝试扩大参与节目的听众人数。对电话参与者的选择标准，依据的是他们的娱乐价值，口齿的清晰、谈话的时长以及个人背景特征。脱口秀节目策划人们已经提前备好了专门的电话参与者，并提醒他们如何控制好自己的问题和评论，以最大限度地产生影响和娱乐价值。

当我还在主管 NBC TalkNet 这个国家电台广播网的时候，我们曾拥有非常广泛的听众收听数以百计的地方电台节目，拥有无数的来电号码可供选择。我们的节目策划人将大部分时间都花费在他们事先安排好的极少数电话参与者身上，而那些出于某些原因并不适合节目风格的人则被立即过滤掉。那些失望的来电听众中有许多抱怨，他们觉得自己作为忠诚的听众，有权参与到广播节目中来。但是，我们的工作不是取悦那些来电者，而是使这些节目尽可能娱乐广大听众。

电话参与者的背景对于脱口秀节目策划人来说尤其重要。每个脱口秀节目都想吸引大致与电话参与者的背景相近的听众。比如，如果一家电台推出的是一款老年人节目，那么老年听众自然就会首先打入电话参与到谈话中。同时，听众也自然愿意收听打电话者的倾诉，因为那听起来就好像是在说自己一样。于是，慢慢地而且确定无疑地，这家电台的听众将开始向老年人倾斜，而年轻人则不再拨打这个热线电话，甚至他们将停止收听。正如没有人会希望一家乡村音乐电台去播放莫扎特一样，一档将目标听众锁定为 18 ～ 24 岁男性青年的脱口秀节目，自然也就不会让老龄女性打通他们的热线电话。

另外，脱口秀节目的嘉宾，常常也是精心挑选出来的。他们代表着针对某一问题对立的双方，这与公平和平衡无关。这是因为在有着鲜明观点且伶牙俐齿的两拨嘉宾的共同配合下，他们泾渭分明、截然相对的观点正好可以燃起一团激辩之火。而他们的激烈争论可以让一个平淡乏味的话题娱乐普通听众。但你不要指望主持人或者电话参与者能够做到公平和平衡。一位脱口秀节目主持人在每期节目的每个小时，都不得不考虑节目的趣味性和娱乐性。为了将这场舌战挑起来，让听众投入关注，主持人可能会扮演一个令人难以容忍或意想不到的角色，而其目的仅仅是为了引发电话参与者和嘉宾带有娱乐性的反应。也就是说，主持人真正考虑的，是与问题本身并不相关的事情。所以说，脱口秀节目的主旨在于娱乐，而非启迪和教化。

要让一个脱口秀节目既有趣又能娱乐听众，是这类节目主持人最优先考虑的问题。但作为一名嘉宾，其工作仍旧是向听众阐述自己的观点，传递自己的信息。因此，即使是在脱口秀节目中的气氛格外热烈的时刻，也不要忘了如何传递你的核心信息。同主持人、电话参与者和其他嘉宾共同进行的一个小时的嘈杂辩论，能够为你提供大量的机会来反复强化你的信息，并将其传递给一些非常专注的听众。准备好充分利用这一机会吧。

采访准备清单

★ 在采访开始之前尽可能想清楚哪些问题将会被问到，记者还会采访哪些人，采访记录会被怎样使用。

★ 尽可能多地了解对你进行采访的媒体和你即将面对的那个记者。弄清楚采访你的那个记者或节目制作人的姓名，但是不要你表明更喜欢哪个记者。你要问清楚采访者想围绕哪些话题进行提问，但不要提前盘问具体的问题。

★ 记住你的战略目标。记者的目标就是为了获取一个好故事，是为了从你这里发掘新闻，那么，你的目标是什么？你希望在这次采访中获得什么？

★ 预测有可能被提到的问题。根据你的判断，记者最有可能对哪些问题进行反复的探求与追问。

★ 了解你的受众。你想将信息传递给谁？你的受众不是记者。接受采访是为了将信息传递给真正受众。

★ 明确你不能说的话。你不能阻止一个记者提出尖锐的问题，但你可以且应该提前准备好你如何解决这些问题。记住，有些问题是你绝对不能谈论（比如私人问题、诉讼等）的。

★ 记住你要阐述的要点。准备好你的核心信息，并在采访的整个过程都牢记它们。使你的信息同你的战略目标保持一致。

★ 在采访中要确保尽早地过渡到你的核心信息。不要拒绝回答记者的问题（如果可以的话），但要立即补充过渡的话，比如“但是这里真正最重要的是……”，然后传递你的核心信息。

★ 如果他们想提问的有些话题你缺乏了解，或者涉及到诉讼或者商业秘密等方面的原因而不便谈论，那么你要提醒对方，你不是采访的最佳对象。

★ 询问一下采访会持续多长时间，将采取何种形式，但别要求对方不能剪辑你的言论。

★ 问问就这个话题还有谁会被采访，但不要要求记者不得采访你的对立方。

★ 组织好你的材料，练习回答问题和传递信息，不要只是机械地回答问题。

★ 练习回答你能想到的最尖刻的问题，按照需要调整你的方法，但不要过犹不及，使得你看上去不够自然。

★ 要言简意赅。提炼你的核心信息，将你的回答精简成几句令人难忘的言语。如果你没有编辑你的信息,那么记者也会去编辑，但多半不是按照你想要的那种方式。

★ 不要说任何不想被报道的话语，无论记者如何竭力诱导你那样去做，时刻提醒自己，你讲述的任何内容都有可能被录音。一旦你说了某些话，就不要要求记者将其从录音中删除。

★ 要警惕那些“如果……怎么样”之类的假设性问题。只说你知道的，不要只是为了迎合记者，而去做出任何的推测。

★ 只讲事实，无论事实本身是什么。别怕说“我不知道”。你说出的任何事情，无论当时的语境是多么非正式，只要最后证明是错误的，都将可能迅速毁掉你的信誉。

★ 保持目光交流。要始终对着记者说话，而不是摄像机。

★ 通过讲故事、作类比和举例来使你的核心信息令人难以忘记。我们大多数人都能更长久地记忆那些生动的故事。

★ 避免使用专业术语，尽量用普通人都能理解的词汇来进行表述。避免使用复杂的统计学数据和表意模糊的简称或缩略语。

★ 不要用“无可奉告”来回应任何一个问题。准备好解释为什么你不能谈论这个话题。

★ 如果你犯了一个错误，那么应要求记者给予纠正的机会。但不要坚持让记者将你先前说过的话从录音中抹掉。

★ 记住，在正式采访环节结束后，你所说的任何话都可能被录音。在麦克风或摄像机被带出房间前，不要以为它们已被关闭。

第8章

破解公关危机

危机中的传播

戴尔笔记本电脑被曝随时都可能爆炸，
他们如何应对？
成功扑灭大火的化工厂，为何仍被媒体指责？
遭遇联邦政府指控有欺诈行为的公司如何避免媒体介入？

WHEN THE GOING GETS ROUGH

危机，即形势突然恶化。面对不友善的媒体、充满敌意的竞争对手以及满怀疑窦的公众，你辛辛苦苦建立的声誉危在旦夕，而局面让你觉得越来越难以控制。然而，有效的危机管理除了对外传播正面信息，让目标受众接收并且消化你的关键信息则是至关重要的。扑灭火灾是重要的，但是在第一时间解释火灾是如何发生，帮助人们了解你们正在全力解决问题，则会产生显著的长远效果。有效的传播能够帮助你和你的组织处在积极的位置，即使当时的形势并不乐观。事实上，大多数人在评判一个组织及其高层领导人时，标准往往不是该机构做错了什么（正是由此而引发了问题），更多的是在于他们对困难局面的反应。

防患于未然

毫无疑问，应对任何潜在危机的最佳方式，是及时防止其演变为真正的危机。因此，危机管理的第一目标，就是防患于未然。而有效的传播，特别是内部传播，在其中发挥着至关重要的作用。有效的内部传播能够在危机真正到来之前，尚有时间采取预防措施，并帮助组织鉴别和解决潜在危机。几年前，当三菱汽车设在伊利诺伊州的一家分厂陷入到一起高达数百万美元的“性骚扰”诉讼案时，公众为之哗然。但这对于任何熟悉那家分厂情况的人来说，则根本不会感到吃惊。这起事件几乎刚一曝出，其内情便已足够清晰。几年来，这家工厂的女性员工就一直在抱怨她们遭受到各种形式的性骚扰。这已经成为整个工厂的人共知的事实，但该厂管理层要么表示从未听说此事，要么就是选择不闻不问。如果能有更好的内部传播，如果该厂的管理层能够倾听他们员工的呼声，并予以适度的关注，他们几乎可以在性骚扰现象一开始出现时，就妥善地处理好这一问题，而不必任其演变为一场公关危机。密切地关注工厂发生的事情，并及时解决问题，将会帮助工厂的管理层避免一场耗资巨大的诉讼以及铺天盖地的丑闻报道。无论一家组织是否能在潜在问题升级之前准确地看清形势并妥善地处理问题，准备好应对能想象到的最坏的形势总是一种明智之举。而应对危机的最好方式，就是采取一套条理清晰的危机管理系统。

应对公关危机三阶段

应对公关危机有三个不同阶段：准备、回应和恢复。准备阶段，主要包括制订可靠的危机应对行动指南、训练人们应用这份指南、用“实战演习”来加以验证，并对其持续不断地更新升级以应对不断变化的环境。回应阶段，是指当问题一出现，就立即采取有效的行动来应对危机。恢复阶段，是指当最严重的危机阶段过后，尽可能迅速地恢复到正常状态，然后认真检查所发生的一切，回顾一下你的组织是如何做出回应的，重新修订你们的危机应对行动指南，以便下次能做得更好。在恢复阶段总结的经验，有助于将来防止形势发展到危机阶段，并能让你的组织更好地应对任何可能出现的突发问题。

然而，这里要提出一个非常简单的问题：最初是什么令一个潜在的危机演化成真正的危机？并不是每一个突发事件或久久未得到解决的问题都会自动爆发成一场危机，实际上，只有极少的潜在危机真正演变成现实。你可以说那归因于运气，但更多的是归因于好的规划、迅速的反应以及谨慎的危机评估。任何复杂的危机管理，都离不开一套秩序谨严的系统，而正是通过这套系统，高级危机管理团队才能够有效地评估一个潜在的危机形势，并据此来决定内部和外部的反应级别。对每个意外的事件都采取声势浩大的危机回应，是在无谓地浪费时间和资源，而其结果也多半是使情况变得更糟。办公室里出现了意外状况不一定就是一场危机，一个准备有序的危机管理团队的首要任务是清楚地认识到什么是危机。

几年前，我与一位合伙人辗转了大半个世界，去帮助一位大客户应对他们深信自己所处的非常严峻的危机形势。这个客户是一家大型跨国公司的地区分部总管，当时他们确信有一个竞争对手正在当地市场上以低于成本价的方式“倾销”商品，其目的就是为了占取市场份额。我们一到客户的办公室，就坐下来与该公司的最高管理层研究当时的形势，并有序地完成了一个危机评估。

这个客户的危机管理团队深信，他们的竞争对手正凭借着与这个国家中某些腐败官员的密切关系在私下里进行倾销。当时，我们的客户也在严肃地考虑一个大胆的策略，即反其道而行之——也动用自己的政府关系针锋相对地迎战竞争对手。关于这个国家的政府腐败问题确信无疑，但仅仅通过表面的调查，并没有得到足够的证据来证明政府的腐败在这一事件中起到了具有决定意义的作用。用腐败行为来应对竞争对手的腐败，是一种值得商榷的危险的战略，这也根本不在我和合伙人考虑的范筹之列。

但是，在与这个团队进行伦理或哲学层面的深入探讨之前，我们首先要做的就是把他们拽回到处理危机的基本原则上。我们帮助这个危机管理团队解决了任何危机反应中都必不可少的第一步——认真且理性地分析当时的真实情况。在探讨中，大家并没有花费多少时间就认识到，这种形势其实根本算不上一场危机，也肯定不会成为危机。这的确是一个商业难题，但并无明显的官商勾结。事实上，在我们看来，问题很清楚，那个煞费心机的竞争者仅仅是在实施他们的一项商场战略，这与我们客户的生意立足点并无太大不同。他们正在买进在全球范围内所能找到的最低价的商品，然后再以他们所能掌控的最高价格售出。这是不需要去贿赂任何政府官员的一种商业模式。

倘若我们的客户凭着本能的反应按照危机模式来处理，那么他们很可能会把问题搞得更糟，甚至还会创造出一个根本就不曾存在的危机。

然而，我们仅通过鉴别危机就帮助他们避开了认知上的陷阱。那么，现实情况是什么？其真正实质是什么？最坏的结果是什么？从能够解决问题的可行性选择有哪些？这些不同的选择分别意味着什么？多年以来，我们的大多数客户都有出色的能力靠自己找到这些问题的答案，但他们始终还是需要一个置身事外的人来提出那些恰当的问题。

危机的定义

我们再拓展一下危机的定义，即“糟糕的形成变得更糟糕”，不妨把危机看作是对某个组织造成严重损害或者妨害其正常商务活动的意外事件。

这通常包括诸如火灾、爆炸、海上人员伤亡、泄漏、产品污染、产品故障或运输灾祸等意外事故。一场危机也可能通过类似纵火、投弹、敲诈勒索、劫机、绑架人质、杀人以及毁坏产品等犯罪行为被激发。另一种常见的危机包括像地震、洪水、森林火灾、飓风、山体崩塌、雪灾、龙卷风甚至火山喷发等自然灾难。最后，还有一些市场和政治问题也属于此列，比如激进组织抗议、董事会矛盾、竞争对手的突然发难、管理层或雇员的犯罪指控、破坏性的流言、政府调查、恶意并购、劳动争议、限制性立法、法律诉讼以及不合时宜的媒体关注等。事实上，能够称得上危机的还有更多。

虽然通过广泛地考虑各种可能升级为危机的不同事件，能很容易地整理出这样一份“危机名单”。但每个独立的组织都必须非常慎重地评估，以判断哪些具体的事件最有可能影响到它的正常运转，哪些将会对它的正常运转或声誉构成最大的潜在威胁。一家化工厂或炼油厂所面临的威胁，与一所大学需要做好的准备会明显不同。

我们可以将一场危机仅仅看作一起不可预知的不幸事件，但每个组织的反应都各不相同。正如三菱公司的例子所表明的，大部分危机并不是毫无缘由发生的，它们所造成的损害也不只是任何单独事件的直接结果。事实上，当我们大多数人都将意外和不可预见性看作是引发危机的核心要素时，能导致一场危机的漏洞却常常是完全可以预见并且预防的。

激化问题

对于“危机”更宽泛而深刻的定义，是指由一起突发事件或者一个不断激化的问题所触发的破坏性形势，比如前面提到的那家汽车制造厂发生的“性骚扰”事件。这个定义明确了造成危机的客观及主观的不同成因，这对于有效的危机管理是十分重要的。

客观方面的影响是最明显的——受伤或者死亡、环境破坏、对健康问题的长期影响，以及对于财产的自然损害。主观方面的影响则更为微妙，常常是由于一起危机事件，甚至更重要的是，由于一个组织对这场危机的反应，而造成长期的负面影响。这些可预见的问题，包括在突发事件反应中的管理不善、疏忽大意、未能预警、未能有效应对突如其来的危险形势，以及沟通和传播能力的不足。

通常情况下，客观原因要比主观原因更容易被认知。对于我们大多数人来说，看见一幢烧毁的建筑要比细微地观察公众态度的转变要容易得多。但是，对于一个组织声誉的主观破坏，则可能带来更加大的负面影响。通常情况下，当一个组织终于意识到危机的造成是出于主观原因，这个组织就会已经处于非常艰难的境地，尤其是当客观原因并不能取得公众对危机事件的原谅时。比如，出于客观因素的致命的事故可能会在短时期内吸引大量的负面关注，然后就逐渐永久性地淡出公众视野。但如果是一起出于主观原因的环境事件，尽管当时并无人员伤亡，仍会在社会上引起广泛的质疑和关注，而这种质疑和关注将持续数月乃至数年，公众始终会把这起环境事件看作恶性事件。最严重的主观原因是，在危机爆发之前或者之后，组织都没有采取任何措施，而使危机愈演愈烈。

系统定义

这又引出了有关危机问题的另外一个定义，即“系统定义”。系统定义考量的因素，包括一个组织在爆发危机前后的组织文化。从系统的角度来定义危机，主要在于考查一个组织是否能迅速识别导致危机的各种信号。这种危机管理的方法特别注重前危机时期和危机到来的准备阶段，在此期间，组织有机会辨识出危险的信号，也有机会对其自身存在的问题进行客观评估，并充分考虑任何潜在危机爆发的可能性。而危机爆发前的阶段，组织也可以对自身问题和危机爆发可能性进行理性评估，并集中精力去准备应对潜在的危机。

一份可行的危机评估应建立在多种因素之上，比如一种形势是否有可能突然恶化、是否有可能吸引媒体或政府执法部门的关注、是否有可能危害到该组织的公众形象和声誉；情况有多么严重、对机构的正常运转造成多长时间的影响、在产品销售或盈利方面的影响有多严重；是否会对员工的士气以及生产力方面造成不良影响，是否会影响到市场价值，是否有可能导致昂贵的法律诉讼或令人棘手的新的管制。

除了这个在把握事件的走势方面非常奏效的系统管理危机的方法外，还有另一种更加具有前瞻性的方法。《韦氏词典》对于危机的定义是："一个决定性的时刻……一个至关重要的时间……一个更好或更坏的转折点。"换言之，也许这听起来很不可思议，对于一个组织来说，哪怕一起非常严重的危机，带来的也不一定全是负面的影响。实际上，即便是一场潜在的破坏性极强的危机，除了会在短期内给公司带来巨大挑战，同样能带来重要的长期发展的机会。在一系列的危机中，许多公司已经表现比他们以往更加强大，而他们今后在面临类似形势时肯定会做得更好。这一切都有赖于这个公司应对局面的能力，以及当危机出现时与关键受众沟通的能力。

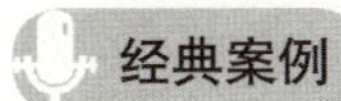

化解"泰诺危机"

1983 年强生公司面临着"泰诺危机"(Tylenol crisis)，这一案例时至今日仍被广为称道。当时，有几名无辜患者在服用含有氰化物的"泰诺胶囊"后神秘死亡。事后，大多数观察家认为此事给民众造成的伤痛很快就会过去。但强生公司的总裁詹姆斯·伯克（Jim Burke）则不这样认为，而是迅速地采取行动来应对当时的局面——通过不惜成本地在全国范围内收回所有新近上架的"泰诺胶囊”，然后在国家电视台上表明该公司在彻底解决类似的安全隐患之前，停止销售该产品。可想而知，这一做法打消了公众的担心，更多的则是赢得了人们对强生公司的赞赏。而这个故事也迅速从泰诺药片的“致命威胁”，转变为一家富有同情心和责任感的公司在犯罪分子实施恶意攻击后，如何倾尽全力保护公众健康和安全的英雄壮举。

许多公司都曾面临过类似的困境，都会感到自己不得不防备受到类似“玩忽职守”的指控，尽管在他们看来这些指控都是毫无道理和有失公允的。他们往往会为自己申辩：他们并没有违规违法，他们本身也是受害者，甚至是犯罪分子的首要攻击目标。然而，不幸的是，即使他们对于这种不负责任的指控做出了合理的回应，也将不可避免地被当作是做贼心虚似的自我辩解，甚至会传递出一种信息，好像这家公司真的有什么不可告人的事。当然了，效果最终适得其反。这类自我辩护式的反应会让人觉得你把公司的利益建立在消费者利益之上，而在这个关键时刻，你恰恰最需要将正面的信息传递给消费者。

在“泰诺危机”的案例中，强生公司并没有在“哪些问题对公司最重要”这个问题上纠缠不清，比如销售下降损失和潜在的法律责任等，而是从一开始就将其关注焦点锁定在消费者的安全问题上。他们是如何轻易地将原本可能造成数十亿美元损失的一次沉重打击，迅速转变为一个提升产品品牌和提高公司声望的“黄金机会”呢？答案很简单，正是强生公司充分利用和把握了危机中的传播机会，才能很快又把泰诺药片摆上了经销商的货架。他们迅速抓住了危机到来之前的市场，然后始终牢牢掌握住整个事件中的主动权。正是凭借这一广受公众瞩目的事件，人们也开始意识到，强生公司为有效的危机回应设定了一个“黄金标准”，提供了一个绝佳的典范。

找出核心问题

作为记者，职业需求让他们总是在寻找“坏”新闻，寻找可以用来声讨和谴责的对象，因为那是构成一个“好”故事的素材。但普通公众更感兴趣的，往往并不是找出谁是“肇事者”，而是当事人正在采取哪些措施来解决眼前严重的问题。

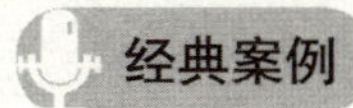

你的笔记本电脑会爆炸吗

让我们来看看，当新闻媒体开始报道戴尔的一些笔记本电脑因电池过热而引发自燃的事故时，他们是如何面对这场潜在的毁灭性打击吧。试问一下，那些总是携带笔记本电脑，特别是还要经常乘坐飞机的人，有谁在听说了此类计算机可能会突然爆炸后仍然无动于衷呢？根据散布于互联网和主流媒体上的各种报道，数以千万计的戴尔笔记本显然存在着这样的危险。此外，以往大多数计算机公司的客户服务都不是很好，而戴尔公司对这一事件的反应正备受公众关注。

事实上，那种有可能发生爆炸的电池均是由索尼公司统一提供的，而许多其他品牌的计算机也使用这种电池。只有极少数的电池曾发生过自燃现象，并且除了对计算机本身之外，从未造成过任何严重的伤害。但即便如此,戴尔公司也没有丝毫的麻痹大意，没有去试图改变外界的批评和弱化本身的问题，或者编造一些自我辩解式的理由来回应。他们明智地决定去主动解决核心问题——消费者的信心。任何携带一款戴尔笔记本电脑的用户都想得到充分的保证，即他们携带的并不是一颗定时炸弹。而万一他们碰巧就拥有一块存在缺陷的电池，他们最希望的是能进行有效的自我保护。戴尔公司针对消费者的心理采取了有效的措施，最终成功化解了危机。

事实上，当有关计算机爆炸的恐怖故事在网络上铺天盖地的时候，即使有非常可靠的事实案例能够证明那些电池真的算不上什么很严重的安全问题，也已经无人会理睬这些。许多工程师或许难以接受这种事实，普通人在面临一种潜在的威胁时，的确很少考虑事情的真实面目是什么样子，他们只是想获得保证自己不会受到伤害或者死亡。他们不想自找麻烦，即使那些傲慢的专家一再告之无需担心什么，也根本不可能打消他们内心深处的疑虑。

把握最佳时机

把握时间非常重要，即使是最好的危机回应，如果反应缓慢的话也可能失败。

> 当时有报道称，有超过50万的美国在线（AOL）订户的私人信息被错误地张贴到了一个公共互联网上。一直以来，美国在线都以其在个人隐私方面的承诺而享有广泛的信誉，而且，这起特别的安全事故也并非是任何技术层面或公司政策层面的失误导致的结果。归结原因，只是美国在线的一名员工在处理信息时判断失误的结果。疑虑重重的网民和愤怒的保护个人隐私的激进分子向公司发起了潮水般的野蛮攻击。在遭受了外界长达数周的围攻之后，最终，公司的两名中层人员被解雇，负责该部门的高级经理也自动辞职。

事实上，为了公司的信誉，美国在线很快表示会对这一事故负起责任，并针对订户的隐私权再次重申了他们长期以来的承诺。但所有这些重要的行动都来得太迟了。等到美国在线采取行动时，已经给了竞争对手和隐私鼓吹者们足够的时间，肆意宣扬美国在线的网络隐私问题。而其结果就是，即使是那位高级经理在公众的关注下离去，也几乎没有起到任何作用。一旦你让局面脱离你的掌控那就太迟了，尤其是在一个新闻信息瞬间更新，网络评论无处不在的环境下，速度已经成为危机反应和传播信息的决定性因素。

危机评估

正如每一起紧急情况或突发事件都不会自动变为危机一样，每一个危机的等级也不尽相同。毫无疑问，一个组织可能面临的所有风险中，有些会引起严重的损害，而其他一些则影响甚微；有些造成客观方面的损害将大于主观方面，反之亦然；有些事件发生的可能性很大，而其他一些则机会渺茫。对于潜在危机进行系统分析的第一步，就是要尽可能考虑到各种“最坏的结果”。为了能够实现有效分析，你需要拓展思路，大胆地启用创造性思维。即使你的公司已经为应对产品召回、化学药品泄漏或其他一些特殊危机制订了一份详尽的规划，你也应当抽身考虑一下所有那些可能出现的，并非十分明显的却仍会严重地妨碍到公司正常运转的局面。

一旦你拟订好这份“最坏的结果”清单，就要认真地对它们逐个进行从“一”到“十”的打分评定。其中“一”代表对组织的危害性最小，而“十”则代表危害性最大。比如，如果你的公司只经营着一家工厂，那么一场毁灭性的火灾将足以让你倾家荡产，这即是一个“十”。但如果你有数家工厂分散在全国各地，那么发生火灾的那家虽然也会给你造成麻烦，但多半不是毁灭性的，因此，这最多也就是一个“三”或“四”，如果你的工厂需要每天按时收到重要的原材料，那么假如供应链在几天内被迫中断，其影响也可能只是造成暂时的不便和成本的消耗，但多半不会让你的生意深受重创。因此，你可以根据风险级别，进行打分。在这个时候，你不要去考虑每种特殊情况实际发生的可能性有多大，而是要去勇敢地应对那些哪怕只存在百分之一的可能性的特殊情况。甚至你应该在一开始就预想到可能遭受的伤害，并为此做好最坏的打算。

当你对所有的风险进行 “最坏的结果”打分后，接下来就要对它们实际发生的可能性逐一进行评估了。比如，如果你的工厂位于一条河的岸边，那么遭遇洪水的可能性就要大于那些位于高地的工厂。如果你的工厂最近确实发生了某些特殊事故，那么从逻辑上就表明，类似事件还有可能会继续发生。关键在于对每种风险发生的概率和危险等级分别进行打分。无论一种风险出现的可能性有多大，都不要影响到你对其可能造成严重后果的评估和判断。同样的，无论后果将会有多么严重，也都不要影响到你对其发生概率的评估和判断。

根据严重性和发生概率给每种风险逐一打分时，通常应该从中间级别（即“五分”）开始，然后再根据对多种因素的认真研究和考虑，来调整分数的高低。这样可以大大降低你对多数或全部风险评估大都以“九”、“十”或者“一”、“二”结束的可能性。而如果你一开始就从“极端”来进行评估，那么有可能会影响你往下的评估，最终消减了分析的客观性与实用性。如此看来，合理的数值分布也就变得更有现实意义了。而在对风险大小和发生概率的分析过程中，要尽可能考虑组织中各种不同的功能。例如，IT 部门的关注点，就可能与那些负责工厂基层的人完全不同。法律、安全、人力资源和销售部门，都有可能提出他们自己的风险清单，以及他们对危机爆发的可能性的评估。

最后，再来看看你对每种风险爆发的可能性及其严重性的打分情况。无论是对于发生概率还是严重性,任何得分为“五”或高于“五”的风险，都很可能是一种值得更加密切关注的严重威胁，此时你要确保自己已经完全做好应对的准备。然而那些在发生概率方面得分低（即不太可能发生）却在严重性方面得分高（即一旦发生就很可能会引发非常严重的问题）的潜在危机才是最危险的。正是因为它们发生的可能性很小，所以这类风险往往非常容易被忽略掉——这可是一个非常危险的错误。“最坏的结果”，也就意味着你要制订一份周密的危机规划，重视可能发生的最坏形势，即便其发生的概率微乎其微。很显然，如果在发生概率和严重性两方面的得分都低的话，那么就要将其放在危机清单上相对靠后的位置，而不是完全忽视掉。

危机管理

为了妥善处理一场危机，一个组织必须要有可使用、可控制、有效的传播系统，必须要有一整套清晰的责任权力体系和明确的传播线路。此外，还必须提前准备好硬件及软件方面的条件。训练和实践有助于危机管理的顺利实施，对于那些随时做好充分准备被召集起来执行任务的人来说也是必不可少的。即便你的组织已经有了一份详细的危机管理清单，也要再仔细核对一下，看看下面的这些基本条目是否都在其中。

★ 准备。
★ 训练。
★ 早期预警系统。
★ 通报机制。
★ 迅速决策能力。
★ 清晰的权力划分。
★ 重大信息的便捷通道。
★ 对形势变化的适应能力。
★ 快速反应能力。

在准备应对危机形势时，一个组织必须确保其决策机制不是那么的繁缛迟钝，否则将很难在压力下迅速采取行动。如果是一个大型的组织，那么在任何可能的时候，其决策权都应该下放给各个部门的经理。那些身处迅速发展的形势下的当事人，比后方总部的任何人都更清楚正在发生什么和需要采取哪些行动才能有效地化解危机。很多时候，与那些来去匆匆的高层官员相比，在当地社区内享有声望的地方官员，更能赢得那些关键选民的信任。

准备是至关重要的。因为你不可能事先就预知到每种可能发生的意外，所以提前处理那些能够解决的问题就显得尤为重要（例如传播规划、后勤安排、人员分配、实情清单准备、硬件更新等）。这样做还便于在最坏的情况发生时，你的危机管理团队能够对身边的每个具体问题都投入最大限度的精力。如果你等到危机爆发时再去手忙脚乱地匆忙应对，那就太迟了。

危机公关

与危机管理中的其他任何因素一样，危机公关中最重要的也是时间问题。在一场危机带来的重压下，人们总是感觉没有足够的时间去做需要做的那些事情。这里有一些大体通用的危机公关目标，无论在何种形势下你都应在头脑中牢牢铭记。

减轻压力。在一场突发事件中，无论是对内还是对外，作为公司的发言人，务必要避免在不经意间滋生出恐慌情绪。新闻发言人在任何时候都必须要保持冷静和权威。

表明问题正在处理中。新闻发言人要特别强调组织正在采取哪些措施来解决当下的问题。对于大多数公众来说，了解当事人正在采取哪些措施来处理一场危机，通常比知道谁该承担主要责任更重要。他们更感兴趣的，不是该追究谁的责任，而是事情如何能回归正常状态。

告诉公众正在发生什么。虽然这个建议看似相当简单，但发言人在危机回应中并不总是清楚每个问题当时所处的级别。所以，搜集准确的信息固然重要，但尽可能迅捷地将那些信息传递给公众和媒体更为关键。如果你坚持要等到自己清楚地了解了一切，才允许你的新闻发言人向公众和媒体说明事实，那你将永远也无法做到有效传播。你所需要进行沟通的那些受众肯定会认为你有事瞒着大家，甚至更糟的是你自己都不知道你们正在做些什么。

告诉人们他们能做什么来帮助解决问题。那些受到危机影响的人通常都会愿意主动去帮助解决问题。如果有什么他们能施以帮助的，一定要让他们知道。在某些情况下（比如一起重大化学药物泄漏事件），最好的建议可能就是让人们关上窗子呆在家里。但如果能让他们亲自参与应对危机，以满足其希望自救的正常愿望，那么一定要提供给他们机会。否则，有些人就可能会散布谣言、加入破坏性的抗议者队伍，甚至成为彻底的敌对者，以此来对形势做出反应。

讲出实情。无论何时，事实永远都是基础。你的组织艰难赢得的声誉随时都可能丧失。例如，在三英里岛（Three Mile Island）发生核电站泄漏事故中，核电站的所有方在事件发生后的初期未能针对媒体的合法调查给出准确的回应，结果整个核电工业因此而付出了惨痛的代价，从此彻底丧失了公众的信任。

如同所有传播环境一样，要想在一场危机期间进行有效的信息传播，就必须始终正面响应受众的情感关注。人们当然想要知道正在发生什么，但他们更加关心的是，这些正在发生的事情对他们和他们关心的东西意味着什么。媒体是通向受众的一种重要渠道，但它们只是到达终点的一种途径，而非终点本身。媒体本身并不是你的目标受众，它们的读者、听众和观众才是。

下面是在危机期间实现对媒体有效传播需要遵循的几项通用准则。

★ 始终保持一致口径，避免说出相互对立的言论。

★ 不要给出未被授权或不切实际的承诺。

★ 始终表现出对公众的关注和理解。

★ 始终强调为解决问题而正在实施的行动。

★ 尽快控制住负面流言。

★ 始终对媒体、公众以及本组织内部的人及时传递最新信息。

在一场危机中，封锁信息是根本行不通的。你越想要保守秘密，不甘心的记者和激进群体就越想知道到事情的真相。如果你让人感觉是在故意撒谎或试图掩盖什么重要的事情，那么媒体和公众将很自然地更加倾向于相信那些负面流言。任何想要甩掉媒体追踪的努力都是徒劳的，其结果只能是更加激起媒体的兴趣。而通往媒体和公众的“信息流”越慢，你要从危机中恢复过来所需的时间可能就越长。

一旦决定了通过新闻媒体进行信息传播，那么就必须要求新闻发言人事前做好详尽周密的准备。幸运的是，这里有一份十分简单的清单可供发言人进行有效的准备。

★ 取得并整理事实材料。

★ 确定关键受众。

★ 预测公众关注的问题。

★ 明确你要讲述哪些内容。

★ 想清楚你须慎说或不说事。

★ 要讲出一个精彩的“故事”并阐述清楚重要的观点。

在混沌不清或瞬息万变的危机形势下，记者们总是在寻找“硬事实”(hard facts)。对于每一个具体的问题，他们都希望能够迅速得到真实且简明扼要的回答，希望你所提供的信息能够直指问题的核心，希望你用简单易懂的语言来讲述你的信息。即使他们已经知道那些主要事实，但记者们仍旧希望能听到你精彩的发言，仍需要你用他们能够使用的语言将各种信息采集到录音中。记者们总是会对报道的主题投入更多的兴趣，而这便是你的机会——你可以借此按照你希望看到的报道方式来帮助记者们把故事讲出来。如果一场大火仍旧烈焰熊熊，那么故事中的基本事实就显然非常清楚。但是当大火被扑灭之后，你如何讲这个故事，就决定了公众是否认可你的组织为解决危机所付出的努力。

以下是你在危机公关中应尽量避免的一些陷阱。

★ 谎言（绝对不要误传事实）。

★ 推测（任何假定性问题都是危险的）。

★ 责备（对任何人都不可以）。

★ 猜测（不要怕说“我不知道”）。

★ 说出受害人的姓名（除非经其家人许可）。

★ 纠缠于消极的辩解上（要多谈积极的解决方案）。

★ 失去冷静（永远不要）。

★ 说“无可奉告”（在无法回答一个问题时，一定要给出一个合适的理由）。

★ 总希望自己的话不会“记录在案”（在现实世界中，根本就没这种事情）。

★ 准备仓促（一定要坚持你的战略信息）。

★ 与记者争辩（他们总是掌握着最后的话语权）。

★ 开不恰当的笑话（很可能会适得其反）。

★ 延迟发布（要始终尊重记者的截稿时间）。

即使那些在回答“如果……怎样？”之类的假定性问题上受过专门训练且很有经验的人，要想完全回避这类假定性问题，恐怕也很困难。

但是无论何时，只要你遇到“如果……怎样？”之类的问题，都要慎重考虑这个问题背后的真实意图是什么。在三英里岛核电站事件中，当政府的新闻发言人没有坚持“只回答客观事实”的立场，而是对那些有关污染物扩散方面的假定性问题轻率地进行回答后，公众的恐慌情绪进一步加剧了。

牢记发言的尺度

要想让你的信息有效，则必须慎重地把握说话的尺度，以适合当时的环境。你知道一些事情，并不一定表示你就应该那样去说。除了要留意你说话的语气和风格之外，还必须确保自己的回答不会在不经意间破坏或推翻了你想讲述的那个故事，或者使原本已经糟糕的形势愈发雪上加霜。要尽量避免节外生枝，不要去额外地添加一些潜在的麻烦问题，因为它们有可能会使一个正常事件变成报纸的头版标题，或者让一件原本已经困难的事情彻底转变成一场全面爆发的灾难。

当心祸从口出

危机公关专家们往往喜欢虚构故事，哪怕有时候会说出完全不符事情的话。有一家化工厂发生了大火，在没有造成任何人员伤亡的情况下大火便被成功扑灭，随后该厂的经理接受当地媒体采访。在采访中，一切都进展得相当顺利，直到一位记者提到了那个矗立在这家化工厂大门附近的非常巨大的油罐。这场火灾并没有涉及到那个油罐，但那位记者很想知道油罐里面装的是什么。于是，经理回答了一个并不为人所熟知的名字，那是一种人们几乎叫不出名字的化学物质。那位记者随即问道：“如果大火万一蔓延到那个油罐，那么将会怎样？”“或许会像广岛那样吧。”经理就这样不假思索地脱口而出。

结果当然可想而知。第二天，报纸报道的不是这家化工厂如何经过努力有效地化解了一场危险的形势，而是变成一场大灾难是如何被勉强地避免了。很快，这些报道的主题就全都演化成这家工厂对生活在附近的人们的健康和安全仍然构成巨大的威胁。而之所以导致这一后果，全都是因为那位化工厂经理没有抗拒发自本能的诱惑，冒失地去对那些可能发生的事情妄加推测，而不是将精力专注于那些实际发生的事情和有关这家工厂突出的救火能力等积极信息上。那位不幸的化工厂经理在付出了巨大的代价后才明白，专注于关键受众（员工和社区居民），以将信息传递给特殊受众作为目标（采取行动以解决问题，让每个人都感到安全），并且调整说话的尺度，才不至于在不经意间让好事变坏，坏事变糟。

与此类似，如果你提供了不准确的数据，哪怕是出于无心，都将严重地损害你的信用。所以，要避免猜测和虚报数字，它们很可能会给你带来意想不到的后果。尽量避免那些复杂的数字，它们只会让人困惑。如果你掌握的数字只是初步的数据，那么你就要强调这一点。无论何时，只要可能，就要根据向政府部门发布的官方数据来向媒体发布信息。这能使你的信息显得更加可靠，并且不会给人留下傲慢独断的印象。无论你向政府部门提供了哪些材料，记者们最终都能够获取，因此绝不要拒绝将那些公文透露给媒体。如果那样做的话，就表明你确实有事情要向公众隐瞒。当然，也不要试图掩盖那些包含有负面信息的公文。

避免过度使用行业术语。尽管你只是想尽可能做到精确，但那些东西可能会误导人们，或者让人觉得你在故意迷惑公众。避免那些听起来太过美好而显得不真实的话语（即使它们是真实的），要慎重许下那些不必要的“最顶级”的承诺，比如“我们将清理干净泄漏出来的每一滴污染物质”，那是一个你永远都不可能做到的承诺，当然你也不希望这句话被媒体记录下来。避免随意性的评论，因为它们很容易就被曲解，要始终坚持你的战略信息。

记住，轻率地引用第三方的话会很容易导致事与愿违的结果。你无法控制你组织之外的任何人，而你原本信任的第三方，也有可能会在事态升温时突然反悔。所以，更安全也更可靠的做法，是鼓励那些充满好奇心的记者去与第三方友好地进行沟通，让那些第三方自己发表言论。

危机形势下的成功传播总是离不开细心的策划与及时的决策。特别是对于那些高级管理人员来说，很重要的一点，就是从一开始就要清楚地意识到，传播中的任何疏忽都会向公众传递出强烈的负面信号，继而将对公司造成长久的恶劣的影响。所以，进行全面的危机公关准备时，你先大致浏览一下下面这份简单的清单。

危机公关准备清单

★ 你准备好的声明和事实清单在几个小时后是否仍是最新和可以使用的？

★ 你的发言人和后备人选指派好了吗？

★ 发言人都在压力下受过很好的培训以应对媒体和公众吗？

★ 你的发言人被完全授权去回答问题了吗？他是否足够有智慧以有效地完成任务？

★ 你身边是否充分准备好了电话、无线电设备和其他传播工具，并能提供给危机管理团队的成员？

★ 你随时都能提供计算机、打印机、复印机、传真机、互联网和其他所必需的传播资源给危机管理团队和你的发言人使用吗？

★ 你是否能够在危机发生后数小时内接听外部打来的电话？

★ 在危机发生后数小时，是否有危机管理团队的成员值班？

★ 他们都配备了移动电话或便携式邮件设备了吗？

★ 你是否拥有一个有效并且测试良好的危机管理通知系统？

★ 你的联系人名单（包括媒体、外部专家、社区领导等）是最新的吗？

★ 你是否有能随时与外部的危机公关咨询机构联系的通道？

有效的危机公关需要保持口径上的始终如一与核心话题的高度集中。作为危机公关规划的一部分，一位主发言人及其后备人选应当提前就被指定好。在对一场危机进行回应时，你的组织应始终保持一致的“声音”，从而一以贯之地将核心的信息传递出去。许多危机公关规划都没有考虑到要提前对全体员工进行指示，特别是应当交代好那些有可能接听外部电话的工作人员，所有关于当时危机形势的问题和质询，都必须且只能交由公司委派的发言人来统一进行回答和处理。只要是受到媒体及其他外界人士关注的，无论是谁接听的来电，首先都要交给一位权威的公司发言人来进行处理，因为不管是谁进行的回答，都将被视作是一份公司的官方陈词。

如果公司的不同发言人或不同部门给出了相互矛盾的信息，那么将很快摧毁公司的信用。在三英里岛事件中，由于公司驻当地人员和其在华盛顿的总部给媒体提供的信息明显存在出入，结果导致在媒体上出现大量不必要的负面报道，甚至一度还引起了小范围的恐慌。一旦这种情况发生，尤其是在严重的危机形势下频频发生，那么无论是媒体还是公众，都将会质疑他们被告知的任何事，其导致的后果也就是，你所有的公关努力都将前功尽弃。

理想的危机发言人应具备以下特征。

★ 沉着老练。

★ 熟谙常识。

★ 反应机警、精力充沛。

★ 在组织中富有资历。

★ 博学且享有良好声望。

★ 能将专业层面的信息用通俗易懂的语言表达出来。

民意法庭

被外界广为关注的诉讼案也是一种危机，而运用有效的战略传播则能够带来不同的结果。我们都生活和工作在一个争议和诉讼不断增多的环境下。如果你公司生产的任何产品或所做的任何事被认为伤害到了某些人，那么你很有可能被告上法庭。或者你也有可能发现自己坐在了法庭的检举人席位上，而这同样将吸引到大量媒体和公众的关注。不管你身处哪一方，在法律事务中发挥战略主导作用的，都非律师莫属。但考虑到你在社会上的声望、信誉以及公司的品牌价值这些因素，你除了从一开始就要拥有一支训练有素的法律顾问团队之外，还需要准备更多。

在法庭内，对于程序和证据的规定非常清楚。这些规则，就是为了建立一个公平的环境。在法庭之内，至少从理论上讲，是事实高于一切。然而，在法庭之外的世界，适用的则是一套截然不同的游戏规则——最重要的则是人们怎么看待。正如你所知道的，在一桩诉讼案件中，律师们关心的是法律层面上的重要问题，而不必考虑这一案件对广大公众来说意味着什么。而在严肃的法庭上，那些经过慎重整理后得出的辩论证据，也并不总是能说服陪审团，甚至有时还会事与愿违，产生不良后果。而如果公众舆论的负面影响已经毁掉了你的公司，那么，即便你在法庭中赢得了诉讼案的胜利，又有什么用呢？在安然丑闻曝光后不久，受其影响，亚瑟·安达信会计师事务所很快也在接到联邦政府的一纸诉状后被迫闭门停业，而数以万计的人也因此失去了他们的工作。尽管在法庭中安德森公司最终被证明无罪，但到了那时，判决的结果已经不再重要了,因为这家公司在此之前就已经倒闭了。所以,忽略了民意法庭的现实，就像是为了证明你在法律上享有道路使用权，却迈步走到一辆疾驰而来的汽车面前一样。结果是什么呢？即使你证明了自己的正确，却多半要为此而付出生命的代价。

充分准备是所有成功的诉讼传播策划中不可或缺的关键因素。无论你是被告方还是检举人，都必须从一开始就确定将传播信息作为整体诉讼战略的一部分。而且，即使真正的诉讼还没有到来，你也需要密切关注正在显现出来的趋势。在世通、安然及其他一些商业丑闻相继曝出之后，对企业的监管旋即成为一时之风。为了顺应政治上的需求，联邦政府出台了以《萨班斯－奥克斯利法案》（*Sarbanes-Oxley*）为首的一批新的法律法规。而现在，那些有着良好声誉且没有触及法律问题的公司也被卷了进来，他们很容易就能发现自己已经成为了那些企业监管利益团体、激进人士以及检方律师们要挟的目标。

当然，这类审查也并不总是公平的，从长远来看，也许你不会陷入到任何真正的法律危机中。但是，就像那个立于马路中央以证明其拥有道路使用权的人一样，无论是示威者出现在你的工厂，检方律师打来电话，还是执法部门给你寄来传票，事实都已无关紧要。所以，你最好提前练习好对各种问题的管理，意识到各种风险的存在，并准备好应对它们。正如你平素为火灾、洪灾或其他任何潜在的风险做好准备一样，不要让自己被检方律师或激进团体突然的恐吓搞得惊慌失措。尽可能早地做好传播信息的准备，积极地付诸行动，不断进行“实战演练”，就像公司随时都可能处于危机中一样。

在任何精心策划的诉讼传播战略中，一个非常重要的一步，就是进行大范围的“易受攻击风险评估”。从战略角度来看，法律上的风险同你所面临的其他任何风险没有什么不同，所以你也就理应用相同的方式来对待。此时，你要尽可能放开你的视野，考虑到最坏的结果。认真思索假如事态完全失控，最坏的结果将会怎样，这样你才能对一切可能发生的意外都做到心中有数。总之，通过对某一特定诉讼形势的风险分析，将促使你认真评估该案有可能吸引多大程度的关注，以及哪些人有可能对其投入关注。

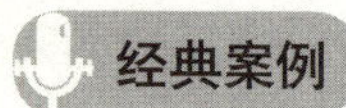

争取目标受众的支持

我们公司曾接手过这样一个传播案例。我们的客户是一家著名的制造商，当时他们正因一起相当严重的产品责任事故而被提起诉讼。在这个案例中，最能引起我们关注的是，涉案的那个产品并不是该公司所生产的产品中最知名的一款。也就是说，它实质上只是该公司经营范畴中的一个小部份。而在我们分析了利害关系后，得出的结论却是这起诉讼的重要性足以事关全局。一旦让该企业卷入诉讼案的消息传播开来，那么即使是微不足道的一种产品，其影响力也可能被无限放大，毫无疑问，这将损害到公司的整体信誉。实际上，就如同所有精明的检方律师一样，在本案中公司的对立方也肯定会利用媒体就此事大做文章，这种策略至少能够引发更多新的诉讼人。而这些诉讼人原本并不知道这种产品可能会存在问题，直到通过检方律师们散播于媒体上的报道才知道此事。

但是我们的客户同时也拥有一项潜在的优势。我们对该州展开的民意调查显示，在提出指控的大部分地区我们的客户都拥有良好的声誉。实际上，被调查的绝大多数人都对这样一家久负盛名且口碑颇佳的公司竟然会被诉方告上法庭而感到惊讶。此外，我们还发现，仅限于很少的一部分人关注这起诉讼，而其中最主要的就是那些家中已经有了那些所谓问题产品的人。考虑到这些，我们在对传播策略进行慎重调整后，决定将目标受众限定在两类尚未对此事给予特别关注的人身上：一类是对我们的客户持有好感的大部分人，另一类是本身对这一问题并不感兴趣的那些人。总之，我们尽量讲述一个积极的故事，用以对待对方施展的蛊惑人心的传播策略。由此重塑那些拥有这些产品的人们的信心，真正打消他们顾虑——只要他们正常地安装和维护那些设备，就不必担心会出现任何问题。我们战略中的一个关键因素，就是教授给那些潜在的起诉者正确维护产品的方法，从而最大限度地防止产品问题的发生。在法庭内，我们针对这个案子展开的策略就是尽全力帮助陪审团了解如何对产品进行维护；而在法庭之外，我们所要做的就是竭力打消受众心中的莫名恐惧。

正如最好的危机就是永远都不会发生的危机一样，大多数诉讼情境下的最好结果，就是不引起媒体和公众的关注。但在大多数情况中，保持绝对的沉默或者表现出一副被动的防守架势，都不是解决问题的最好方法。实际上，起诉方的律师总是会全力以赴地激发媒体的兴趣和公众的支持。他们常常是在面对公众时讲的很多，而在法庭上说的很少。作为辩方律师则恰恰相反，他们常常是警惕地告诫他们的委托人，不要在审判之前和庭审期间随便发表言论。要想使你的诉讼传播战略真正发挥效果，就必须彻底地调整这项战略。传播者和他的律师必须始终齐心协力，互通有无。公关团队必须了解和谙熟的，不仅仅是案件的事实本身，同时也要充分考虑到法律层面的策略。而作为法律团队来讲，他们也必须清楚自己希望传播团队如何去服务和帮助正在采取的法律对策。只要能够合理地解决，诉讼传播就绝不只是一场“防御演习”。那些永远保持理性的律师们总是喜欢在法庭之外通过保持缄默来尽量减少风险，尽管他们非常清楚，“无可奉告”这样的回答在一些被媒体聚焦报道的诉讼中并非是最好的选择。保持沉默可能在最初看起来是一个安全稳妥的方法，但这样做将永远不可能阻止媒体对于案件的报道或炒作。

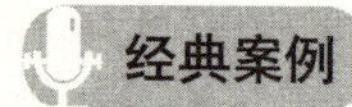

适时保持沉默

我们曾经和一家公司合作过，公司在行业内部相当知名、外界却根本不怎么知晓。这家公司因涉嫌在与政府签订的合同中存在欺诈行为而受到联邦政府的指控，诉讼案涉及的金额非常大，但如果失去了与政府合作的机会，那么今后的损失将是非常巨大的。事实上，这起诉讼很可能会让这家公司陷入倒闭的境地。在辩护律师团紧锣密鼓地准备在法庭上进行抗辩的同时，我们则详细分析了案件的潜在影响。我们的目标受众范围很小，实际上，主要就是公司目前及潜在的客户，当然，也包括其自身的员工。关于此案的最初报道，仅限于与行业密切相关的几家商业期刊。因为我们客户在其生意圈外几乎不为人所知，所以实质上并未引起普通媒体的兴趣。据此，我们最重要的战略目标之一，就是继续保持低调，不进行任何媒体炒作。

这场辩诉讨论几乎持续了4年，堪称旷日持久。从一开始我们就建议客户，要尽可能地随时向他们的员工和客户通报信息。公司的CEO要亲自与关键客户进行沟通，向他们解释目前的情况以及公司正在采取的应对措施。由于法律程序异常繁复，所以这件事并不像看起来那么简单。律师们甚至还不允许我们对一些涉案环节进行讨论。但即便在这些限制下，真诚的关注和积极的姿态对于维持客户的信任和员工的忠诚仍是至关重要的。不难理解，作为客户方，肯定会对自己正在与一家有可能受到司法调查的公司做生意而顾虑重重。作为企业员工，他们同样会考虑到自己个人的名声和生计，没人愿意冒险将个人的命运同一家陷入险境的企业绑在一起。最后经过磋商，本案以几百万美元顺利地得以解决，既没有造成任何重大损失，也没有引起公众的过分关注。此次传播的取胜关键在于很好地定位了目标受众，并且充分地考虑到了他们的情感关注。在处理与公众之间的关系上，寻求到了一种很好的平衡——既不反应过激，也不试图隐瞒什么。因为前者只会加剧形势的恶化，而后者对于公司的长远战略利益也没什么好处。

一旦你的战略目标和目标受众被确定后，接下来需要做的，就是用通俗的语言来组织你对案件本身的陈述了。抛却那些严格的法律术语，仅凭目标受众的个人感观，这个案子的实质是什么？案子中的主角是谁，那些目标受众又是如何看待这些主角的？你想要阐述的主要法律问题是什么？这个被简化的案件的大致轮廓，是你进行诉讼传播的基本工具，是你就案子本身回答媒体和公众的一些可预见性问题的主要基石。而要想让受众了解案子并获得他们的认同，你就必须对案子进行解释。你要传递出你的关键信息，并且需要确保法律团队和公关团队都能接受这些信息，唯有如此，方能成功地实现你的战略传播目标。要想将一件复杂的案子和一大堆证据材料简化成简洁明了的信息概述绝非易事。对于律师来说，将案子的每一个细节都呈现在法庭上是非常重要的。面面俱到固然重要，但在民意法庭中，过多的事实细节很容易导致信息混乱，很容易给普通人的理解造成诸多不便。媒体和目标受众，其实并不想听那些细节方面的解释，对于他们来说，更关心的是你对那些基本问题的坦率回答，比如说，谁对谁做了什么，为什么要那样做。那些法庭之外的目标受众，不可能对案件中的复杂细节投入太多关注，但他们会对寄予了自己情感关注且容易理解的那些信息做出回应。

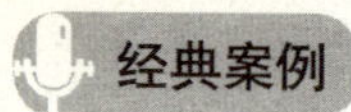
经典案例

激发公众的情感共鸣

我们公司曾经帮助一家大型制药企业处理过在一起产品责任案件。起诉方宣称,我们的客户销售的一种药物能够导致某种癌症。这个涉及到科学和法律问题的案子异常复杂,我们的客户已经准备好在法庭上进行最艰苦的争辩,以证明他们的产品与那种癌症毫无干系。实际上,他们的这种药物还能够有效地预防其他一些更严重的癌症。但我们立即意识到,这些看似相当合理的法律辩辞很有可能会激发公众的敏感神经,使他们感觉这是对那些无辜受害者们的不负责任。按照常理,公众最初的情感,通常都会倾向于那些遭受伤痛的起诉人,而不是那些财大气粗的大公司。

于是,我们与客户的法律团队密切协作,一同设计他们的法庭辩辞,使辩词能够激发普通公众的情感共鸣。最后我们将关键的信息浓缩为两个字:选择——我们客户的药物能够为患者提供重要的治疗机会;癌症固然令人痛心,但能提供治愈的机会和个体的选择总是好的。我们不想让公众关注的目光集中到那些备受争议的科学论题上,即使我们足够相信那些论据将会在法庭上为我们赢得胜利。我们是从“选择”的整体概念上进行考虑,因为我们感觉那是能够赢得民意法庭至关重要的因素。我们希望公众从这个案子看到的,不是关于“癌症”而是关于“选择”的问题。

我们对法律团队中的每一位成员都进行培训,教他们把原来那些准备好的法庭辩词转换成在普通公众中能够激起共鸣的信息,将“选择”这个主题融入到所有的回答中。我们这样做了,尽管主动让律师成为民意法庭的发言人并非是我们战略的一部分。我们对这个案子的法庭辩论程序没有兴趣,也不想让任何人被迫地说出“无可奉告”这样的搪塞之词,我们只想确保己方的所有律师都能做好充分的准备,以防备那些在媒体面前无法逃避的问题。

律师们将会告诉你,最成功的诉讼总是通过“充分准备”和“不断尝试”而得来的。他们总是要小心谨慎地为案子中每一种可能发生的“曲折”或“转折”进行精心的准备，坚持为每一个可能的问题准备好答案，并尽量提前准备好去解决一切可能遇到的难题。但是，当站在法庭上的时候，任何出色的诉讼人都不会随便地动用那些他们准备好的过于琐碎的材料去“轰炸”法官和陪审团。因为他们明白，就像我们其他人一样，法官和陪审团也只在乎你是如何将那些重要的话题清楚而让人信服地陈述出来的。无论是在法庭内还是在法庭外，都不要去扰乱那些将会决定你命运的人的思路，或者忽视对他们来说最重要的情感。

第9章

完美风险传播策略

风险传播的艺术与科学

农场主给奶牛吃生长激素，

这一事件引起了怎样的纷争？

转基因种子为何会在欧洲市场遭到抵制？

在学校旁的肉类加工厂会对学生安全造成什么威胁？

风险传播是传播学中的一个领域，在这个领域中，与受众的情感沟通显得尤为重要。非理性的恐惧是有效传播的大敌，同时也会扰乱清晰的思路。用理性的语言简单地解释事情其实并不危险，这对于解决问题来说看似是一个非常合乎逻辑的做法。但经验告诉我们，在现实世界中，这样做很少能够奏效，因为非理性的恐惧往往能够战胜理性的思考。

要做好风险传播，是一项艰难的挑战。风险传播意味着谈论危险、应对恐惧以及解释未知的事情；也意味着你要去与那些有充分理由不相信你说的话，甚至对你所讲述的事情完全不予理睬的人进行沟通。即使在其他传播情境中，在遇到有关风险方面的话题时，哪怕是最有经验的传播者也常常会感到有些事情很难办。尽管如此，要想做到有效传播，也并非没有可能。有一些原则和经过验证的技巧，可以帮助你应对有关风险情境的话题，并且阐述清楚你的观点。但是，首先要探讨一下我们正在谈论的“风险”。人们常常易混淆“风险”和“不确定性”这两个词的概念。“风险”能够被分析被量化且在一定程度上能够被管理，也能够被减轻，甚至在付出一定的努力后，风险还可以给人回报（关于这点，你只要随便问问任何一家成功的保险公司就能知道）。“不确定性”则恰恰相反，它是不可预知与不可控制。而所谓成功的风险传播，就是将那些“不可控制的不确定性”转化为“可管理的风险”。

对于一位保险业者来说，“风险”是某些不好的事情发生的概率，风险评估就是尽可能精确地推断出事故发生的概率，而风险管理就是将那些不可避免的风险减少到一个可接受的水平。所以说，风险管理与严酷的现实紧密相连。但另一方面，风险管理也受主观评价的影响。有效的风险管理需要你敏锐地判断出，你正在试图与之沟通的那些人是如何感知和理解他们被迫面对的那些风险的。众所周知，如果理解错误的话，由于人的本性，大多数人被那些不必要的恐惧困扰。我们会整夜不眠地去担忧那些根本算不上风险的事情，而常常忽视现实的风险。尽管大部分人能够从理性上理解这个概念，但他们仍旧继续着他们的忧虑和担心。所以，在大多数传播情境中，每当我们想就风险问题进行沟通时，受众的情感会屡屡战胜理智。

受情感主宰的风险意识

风险评估和风险管理都依赖于数据分析。统计学能够估测风险，但是，风险传播仅有那些冰冷的数字是远远不够的。要想有效进行风险传播就必须考虑到受众的想法、态度、感觉还有担心。我们都一相情愿地认为事实能够替自身说话，认为建立在简单的数据分析之上的理性评估能够说服其他人接受风险，或者至少能正确地看待风险。然而不幸的是，普通人很少根据那些数字来判断某件事是否存在风险。相比之下，他们在考虑自己愿意接受多大程度上的风险时，往往更依赖情感上的判断。这就是为什么风险传播总是如此困难的原因。你了解事实，所以你能排除一切情感因素，去理性地面对与你组织相关的风险。但是当其他人要去接受风险时，情感主宰了他们的判断。

我们对风险的态度常常是非理性的，这并不难理解。举例来说，自主行为带来的风险，我们大多数人都会愿意承担——比如驾驶一辆汽车。但那些被动的风险——比如呼吸附近一家化工厂排出的废气——我们不愿承担。无论统计数据证明有多么危险，我们都会选择驾驶汽车。而无论统计数据证明有多么安全，甚至比驾车都要安全得多，许多人都会避免居住在一家化工厂附近。

大多数人在判断某件事情时，都会有这样的感觉——如果事情不由自己掌控，那便会有更大的风险。反问你自己，是你驾车时感觉更安全，还是你的配偶驾车而你坐在一旁时感觉更安全？当你把手放在方向盘上时，你总会有种莫名的安全感，哪怕统计数据清楚地表明，你的配偶有着更好的安全驾驶记录。从理性上，我们大多数人都能很容易理解，为什么驾车去机场的路上会比坐在飞机上飞行更危险。尽管统计数据非常清晰，但在心理上我们仍会更加担心飞行中的安全，而不是公路上的。这确实很不理性，但我们大多数人就是更加担心无法控制的那些情形。此外，当我们感觉的风险越小时，其带来的利益即使很明显我们也很难感觉到，比如说我们很少考虑驾车带来的便捷。与之相反，当我们感觉的风险越大，就越能感受到其带来的利益。

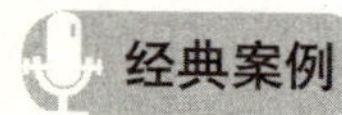

经典案例

谁获得了利益

我们公司曾服务过一家生产“合成生长激素”的企业。奶牛场主很欢迎这种激素，因为他们可以将其添加到饲料中，从而促使奶牛产下更多的奶。按常理，这并不是那种能够产生巨大公众异议的事情。但恰恰相反，这种激素引起了巨大的争议，而且其原因非常简单。这家企业主不断地竭力争辩，他们生产的“合成生长激素”对于牛奶本身绝无任何影响，它只会让奶牛产出更多的牛奶，从而增加奶牛场主们的利润。当然了，这便是造成混乱的关键——奶牛场主们从“合成生长激素”中获得了全部利润，而消费者却什么都没得到。于是，针对那些从未被证明其安全性的生长激素，消费者中的激进人士便发起了一项抵制活动。这些激进人士的做法很简单，他们只要问下消费者们，在没有任何利益分成的情况下，是否愿意喝下那些可能有危险的牛奶，愿意接受风险。没有人会认为把维生素D加到奶里，或者将碘加到盐里，是有问题的。与那些被喂给奶牛的生长激素不同，无论是维生素D还是碘，都是消费者日常摄取中的添加剂，但这两者都能够被消费者感知到从中获得了益处。由于缺乏有力的反面证据，所以我们本能地认为摄取这两种物质是有收益而无风险的。事实上，这只是一个情感关注的问题，与科学事实无关。

此外，即使有了事实和统计数据为证，大多数人还是更加倾向于关注那些新生的、不太熟悉的风险，而不是那些始终伴随在身边的风险。比如，数据已经非常清晰地表明，住在一家核电站附近要远比住在一家旧式的煤电厂附近承担的风险更小。但是你认为，有多少人会认为这一全新的、不熟悉的、既无刺鼻气味又无颜色污染的核电站会比那些旧有的、熟悉的、冒着黑烟的煤电厂更安全呢？

或者，再考虑一下已经在全球范围内引发广泛争议的“转基因食品”。这一专业术语来源于农业生物技术，当这一技术用于新药品的研制和生产时，并不会引发争议。但是，激进的反对者们，在提到“转基因食品”时更愿意使用“基因改造食品”这种称谓。当然了，这也就是暗示，那些从改良基因的种子生长起来的食物在某种程度上被视为古怪的、不安全的。我们公司早在这一有关农业生物技术的争议刚刚席卷完欧洲，尚未在美国形成气候之前，就已介入其中。

与在其他风险传播案例一样，农业生物技术的支持者也用科学事实来坚定地支持自己的立场。此前没有任何可靠的科学证据能够证明，转基因食物与人们熟悉的非转基因食物有任何的不同，但那只是问题的一部分。农作物基因改良的支持者，比如那些支持用生长激素喂养奶牛的拥护者，并不能指出消费者可以从这一技术中获得任何直接的收益。经过基因改良的农作物更能预防病虫害，并能更少地使用化学杀虫剂，这对农民非常有利。但是这些农作物在收割后，很难与那些非转基因作物进行区别。它们的确未增加任何危险，但也不比原有的传统作物更便宜和更有营养。对于消费者们来说，他们既没有直接的收益，同时，还可能要承担一定的风险。因此，当反农业生物技术的群体通过不断地煽动消费者（他们向消费者呼吁：既然新技术不能给他们带来什么利益，他们也没必要去承担什么风险），以制造出各种噪声时，我们也就没必要感到惊讶了。这被称作“预防性原则”（Precautionary principle）。对于那些试图用理性来解决风险的人来说，“如果……怎么样”的问题，是一个危险的陷阱，是任何一个缺乏预言能力的人都不可能回答的问题，但并不意味着这个问题在公众示威和媒体中就不会发挥作用。

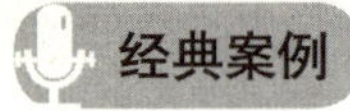
经典案例

不受欢迎的转基因种子

那些正准备在欧洲市场上交易转基因种子的公司，也是在这一特定困难时期的牺牲者。当然，这并非是他们的过错。因为，此前欧洲的管理者由于在处理突然爆发的“疯牛病”的拙劣表现而名声扫地。尤其是在英国，政府管理者更是犯下了每一种可能犯下的错误。首先，他们忽视了“疯牛病”这一问题。其次，当那些涂满了蹒跚母牛的纷乱图片和关于那些受害人的可怕故事在媒体上愈演愈烈时，管理者却做出了既不明智又让人们无法忍受的保证——他们称当时的形势完全处于控制中。还记得那幅宣传画吗？一位面带微笑的英国部长正在喂他的小女儿吃牛肉汉堡！最后，当所有那些自信满满的官方承诺开始被淹没在越来越多的有关“疯牛病”爆发、无辜的受害人和官僚失职的报道中时，在食品安全方面,政府管理部门的信用受到了前所未有的冲击。所以，在市场上公开推介一种新的食物技术的最好时机，并不是被政府批准的时候，而是被公众接受的时候。

然而，不幸的是，当那些农业生物技术公司急不可耐地将他们的新技术介绍到欧洲市场时，刚好就遇到了以上所述的那些困难。他们的信息生硬而毫无效果：“我们是科学家，我们比你们更聪明，相信我们，你们什么都不用担心。不要相信那些煽动你们的人……”而这恰恰就是任何试图解决“未知的恐惧”的人都绝不应该做的。其后果是破坏性的，而且也是完全可以预想到的。其实，全欧洲的农民都明白，转基因种子根本毫无危险可言，但他们仍旧不敢使用这些种子，因为他们害怕自己种植的粮食将来会在市场上遭到抵制。此后不久，为了解决这一问题，欧盟方面便颁布了法律，规定禁止市场上销售任何含有转基因作物成分的产品。几年之后，虽然这些规定已经逐渐放宽，但即使现在，人们心中的阴影仍然挥之不去。这就是失败的风险传播的一个典型案例。

幸运的是，在美国，我们公司的那些客户始终以一种积极的姿态，竭力避免已降临到他们欧洲同行身上的灾难。在我们接手这一问题时，有关转基因食品的报道尚未像在海外那样吸引到大量媒体的关注，而且美国公众在食品安全方面对政府管理部门的信任度仍旧维持在一个很高的水平。即便如此，那些不绝于耳的“未知的恐惧”仍旧存在，任何反农业生物技术的激进人士在提出这一问题时都不会羞于启齿。虽然经过调查研究，那些激进人士此前宣称的由于受到转基因粮食作物花粉的毒害，美洲帝王蝶濒临灭绝的谣言很快就被戳穿。但由小孩子装扮成帝王蝶倒下扮成垂死状的照片，已经开始在我们客户的工厂门前出现。可以预见有的媒体都正准备钓起公众的兴趣。

通过公众舆论调查，我们能够判断出，美国舆论对于转基因食品的安全性仍旧在变化当中。当时只有极少数公众在反对农业生物技术上比较坚决，并对如此多的转基因食品出现在商场货架上表现得异常愤怒，但大多数公众和媒体还从未听说过这种技术。他们既然从未考虑过这个问题，自然也就不会给予过多关注。在他们眼里，绝大多数类似大豆这样重要的农作物，早就已经靠转基因种子生产了，而这对于人们的健康或安全，并未造成任何明显的负面影响。

利用美国食品管理部门值得信赖的良好声誉（长期以来他们一直认可农业生物技术在这个国家内的使用和销售），并安排与大众传媒之间关键的解释性采访，我们能够最大限度地抵消对立方竭力宣扬的负面报道的影响。我们没有打算在情感层面上与农业生物技术的反对者进行争辩，那看起来只会使我们表现出一副被动的防守者的架势。同时，我们也没有在广播宣传中使用那些噱头和招数去刻意贬损对方，那会显得我们并不关心他们一直强调的严重的安全问题。我们所要努力做的，是在密切地关注人们对农业生物技术的价值评判的同时，向更多的公众宣传和介绍这一新技术。

我们面临的形势，与以往并没有多大不同。在评估风险和分析需要担心的问题时，无论科学事实对于那些懂得其真实意义的人来说具有多大的说服力，情感方面的因素，比如利益、可控性和熟悉度等，对公众而言都会更为重要。或许科学家和工程师很难承认这点，科学事实对那些认为自己正在被迫呼吸受到污染的空气或吃不安全食物的人来说，根本毫无意义。

在这方面，我们注意到有一点很有趣——这种围绕着转基因在农业上的应用所引发的争议，却从未扩散到用同样的技术来研发新药品。在美国和其他国家，绝大多数人都一直将医药生物技术视作一种奇迹，即使那些认为将完全一样的技术应用到农业上对生命是一种威胁的人来说也把持同样的观点。再重申一遍，这仍是一个关于谁承担风险和谁从中受益的问题。我们大多数人都认为医药品能让我们从中受益，而不管它们是如何被制造出来的。那些有望治愈各种重大疾病的新药无疑将使全人类都受益，但是，至少到目前为止，能从转基因作物中直接受益的只是那些农民。在未来的若干年内，一旦转基因作物能够给人们带来可见的好处，比如转基因食物营养更均衡含有更少的脂肪——这些对所有人都很重要，那么，任何有关转基因食品的争议都可能会逐渐消失。

谁有控制权

在我们准备制订一份风险传播战略时，有一点很重要，即风险的许多争议，其实并不是关于风险本身，而是关于权力和控制。也就是说，是谁来决定某个风险是否可以接受，以及某件有利的事情是否值得冒险。因此，让人们感觉到他们的意见被尊重和被倾听，他们是决策中重要的参与者，将是有效的风险传播的关键因素。有效的风险传播常常需要将权力给予那些弱势群体，特别是那些受影响最大也最为担心的人。这样做的目的，就是为了使他们在一种不安的环境下不至于感觉自己被忽略了。正如那些原本打算将转基因种子打进欧洲市场的美国生物技术公司得到的教训，无论你有多么充分的科学事实来加以佐证，都不要传达出带有风险的信息。只要你让人感觉是在强迫他人接受你的观点，就永远不可能获得成功。你的任务就是告知真实的信息，所以最好将决定权，甚至是如何理解决定的权力，都交给你的受众。他们会自主地决定是接受还是拒绝那些你需要他们去面对的风险。他们作出每一项重要的决定，依据的都是自己的价值观、恐惧、怀疑和感觉，而不是你所提供的哪怕是十分可靠的科学事实。

要突破情感对理解的禁锢并不容易，因此，在风险传播中，最重要的一步是架起并维护与公众进行沟通的桥梁。如果这种信任关系已经被建立起来，那么开诚布公的风险传播至少有机会被公众所接受。如果失去了信用，那么无论信息有多么真实，几乎都没有机会被传递和接受。有效的风险传播必须要顾及人的理解和感受，所以，你必须先触碰人们的内心。无论这让你感觉有多么不舒服，也无论这听起来让你觉得多么不合乎情理，你必须先尊重和理解受众的情绪和情感，否则你不可能改变他们的想法。

让我们重新回到生活在那家核电站附近的人们身上。为什么他们会如此焦虑？难道他们不知道在这个国家还从未发生过有人死于核电站的事故吗？是生活在核电站附近的人们比其他人都愚昧，还是那些神秘的放射物已经“刺激”了他们的大脑？当然都不是。这些人做出的反应，与在同样的情势下任何人表现出来的一样。他们表现出的完全是情绪上的反应，虽然明显缺乏理性，但那仅是因为人的本性使然，尤其是当他们担心自己或家人的生命可能面临威胁的时候。

我们的所知所感

让我们来回忆一项民意调查。该调查表明，在美国，相信耶稣基督是由童贞女玛利亚受圣灵感孕而生的人，比相信进化论的人还要多。很难想象，在现代科学环境下竟然还有这么多的人如此无知。其实，这一事实也并不难接受。他们当然知道进化论，也知道胚胎干细胞和克隆技术。为了一些在情感和精神上更能让他们满足的东西，美国人仍旧坚持着他们的宗教信仰，甚至甘愿将理性放到一边。

在过去的这些年，风险传播的艺术和科学已经取得了很大的进展。

最初，人们认为与风险传播相关的所有问题，都只是一个解释的问题——只要技术人员清楚地解释出那些风险，按照常理，任何有理智的人都将会停止他们不必要的担心。这个看来似乎言之有理的理论，在现实中却屡屡遭挫。因为这忽略了人的本性。就像你要向某个患有“恐高症”的人解释，为何站在一座摩天大楼的窗子前其实并不危险一样。其实，那些患有“恐高症”的人当然也很清楚他们不可能从一扇关着的窗子前掉下去，但那并不能减轻他们的恐惧，尽管他们并没有任何实际的危险。这就是名副其实的非理性。因此，**试图以理性的语言来消除人们非理性的恐惧，无疑就是在浪费时间**。

当理性的解释失败后，风险传播就开始进入到转换措辞的阶段。基于这一理念，普通人最后接收到的有关风险的信息都要经过修饰，因为专家会使用别出心裁的技术性论据描述风险，使其从科学的角度上看起来可以接受。这似乎也是一个合乎情理的做法，但仍然忽视了人类天性中非理性的那一面。无论你将一个专业术语如何完美地转译成普通人能理解的语言，仍是在用理性的解释来对抗非理性的恐惧，而非理性的恐惧最终肯定占据上风。

今天，风险传播已经变得更为成熟，同时也更多地考虑到人性的因素。当然，将所有的行话术语转换成通俗易懂的语言仍很重要。但是，让那些正面临风险的人参与到对风险的控制中以调整他们的感觉（其实，也就是处理好控制的问题），则更为重要。这是一种“双赢”的做法，正是这种 “双赢”的交涉方法，使各种不同的风险传播获得了成功，其中包括劳动争议、环境问题谈判以及其他关于危机的传播。

给受众拥有控制权的感觉

对受众下放风险传播的控制权，做起来很简单，也很有效。

首先，你必须承认和尊重所要沟通的那些人的价值标准和他们关注的焦点。花费一点时间去倾听他们内心的忧虑，并尽量站在他们的立场上去理解当时的形势。不要像那些傲慢的企业家那样，企图强行将转基因作物打入顾虑重重的欧洲市场。也不要表现得好像你无所不知，而对方就像个傻子一样一无所知。或许你是正确的，但只有受众愿意听，那些科学的数据才能说服他们。

其次，让受众和你一起参与到寻找事情真相的过程中来。这就是我们的人性——我们更愿意相信自己发现的真相，而不是被强迫接受真相。如果当初欧洲人能有机会自己去了解转基因种子，而不是由傲慢的美国商人来告诉他们那些转基因食品到底有什么好处，或许在这种技术刚刚介绍进来的时候，他们不会对这项技术有那么多的担忧，自然也就不会有后面的纷纷扰扰。

再次，做出一个可信的承诺，以减少任何负面的影响。千万不要简单地去宣称绝对不会有任何糟糕的事情将要发生。别忘了，即使最好的预备方案也会有失误的时候，即使最先进的技术也有发生意外的时候。不管意外发生的概率有多么小，都要时刻警惕，这将有助于提升你的信用。与其他相关利益团体协作，共同制订解决方案，让每一个可能承担风险的人从一开始就参与进风险管理中来。不让任何人感觉到他们的需要受到了忽视，或者没有得到尊重。

最后，对于任何可能存在的风险都要负责。如果你的公司拥有一家核电站，而生活在周边地区的人们担心这可能会对他们的健康和安全构成威胁。那么，就不要将核电站安全运行方面的责任推卸给国家或政府高管。你可能会很想告诉他们，你的工厂“符合所有现行的规章制度”。但是，对于那些忧心忡忡的邻居们来说，那听起来就像你正企图利用法律来免除责任一样，这当然就不会让他们感觉到安全了。三英里岛的核电站当然也完全符合各项规章，最终事情还是变糟了。

记住，风险认知更多的是关于权力与控制，而不是关于现实中的危险。当人们发现自己已经对形势失去了控制时，自然就会感觉受到了很大的威胁，即使当时的情况正在好转。所以要准备好去分配权力，确保风险传播是一个双向的过程。同时，还要始终开诚布公地与那些承受风险的人建立起长期的良好关系。这正如马克·吐温曾经说过的，当你需要朋友的时候再去结交，那就太迟了。

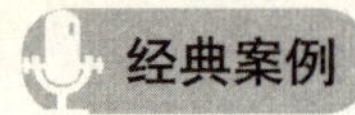
经典案例

让你的邻居参与危机规划

几年以前，我们公司为一家肉类包装厂制订危机管理计划。通常来说，这类企业都是位于工业区，而这家工厂却恰好建在了一个安静的城区中心，而且该厂的街道对面就是一座小学。像大多数肉类包装厂一样，这家工厂也用氨气作为制冷剂。氨气对于制冷来说非常重要，但如果氨气泄漏，就很可能容易引发火灾，同时伴有剧毒。氨气泄漏和火灾是所有肉类包装厂都会面临的风险。这家工厂也一直在安全经营，对任何可能发生的意外都做好了应对准备，但他们只是就自己的财产做好了应对各种突发事故的准备，却从未考虑过马路对面的那所学校。他们当然知道学校就在那里，他们也肯定清楚，一旦发生氨气泄漏、发生火灾或者爆炸，将对那些孩子和老师造成什么样的危险。可是他们从未考虑过要和学校方面去讨论那些危险，因为此前没有发生过任何事故，而且，那所学校是否意识到了这种潜在的危险还是个问题。那所学校和工厂的管理者们可能从未见过面，除非等到他们发现自己已经身处一场事关生死的紧急事故中，但那可不是他们建立长期友谊的最佳时间。

因此，我们建议客户主动到对面的学校去，邀请那里的管理者和老师来参观工厂，让他们亲自看看工厂里的情况，对风险进行评估。总之，我们力劝这家工厂的管理者们，让学校方面直接参与到危机规划中来。毕竟，只有对风险表现出完全开放的态度，才能使其显得不再那么难以控制，也才能降低人们的忧虑和担心。

让你的邻居参与到危机规划中来，就等于给他们提供了一些有用的建议，让他们知道在意外事故发生时该做什么。最好让那些对其最为关注的人来帮助你解决这个问题，而不是把他们排斥在外，更不是让他们除了对你横加指责外再也无事可做。

综合管理风险

要想阐明风险传播在现实中是如何实施的，你可以想象一下，假如你是一家大型化工厂的经理，而由于工厂的作业影响到了社区民众的健康和安全，你该如何向他们进行解释。

首先，你需要知道你要传播什么信息。你必须掌握工厂的所有相关数据，比如像工厂的运转和排放废弃物这类问题，你要十分熟悉，同时，还必须确保这些信息都是最新的。你还要与负责安全、医疗、健康以及环境方面的管理团队一道分析和评估所有与工厂风险相关的信息。

其次，在你自己掌握了所有的信息后，再将你的信息人格化和简单化。请记住，你不仅要用一种自己能理解的方式去组织信息，而且还要让目标受众对你传递的信息产生共鸣。比如，在描述某种风险时，请不要使用诸如“从 -16 ～ 10”这样的用语，这对你来说可能非常直观，但对受众来说，或许就显得太过专业了。这种专业性的用语不会打消受众的疑虑，反而会让他们觉得你在试图用行业术语的艰涩去掩盖真实的危险。其实，除了专业术语，我们还有许多种方式可以去谈论健康和安全数据。别忘了，最简单的方法往往是最好的方法。

在进行风险分析时要格外小心，因为，对你来说合情合理的事情，但在受众那里，很可能会产生令你惊讶的负面反应。举个例子，如果你想将一个柴油机喷到空气中的粉尘颗粒，比作是一片刚烤好的面包上掉落下的面包屑，尽管这已算不上行业术语，但这种类比很可能达不到稳定受众情绪的目的。原因很简单，面包是一种可口的美食，而柴油机喷出的烟尘则令人生畏。用一个事物去形容另一个事物，对于那些原本已经惊惧不安的受众来说，你有可能会给他们留下两种印象：要么是聪明过人，要么是有点傲慢自大。

用简单的语言来解释，你们为降低事故发生的概率和清除任何泄漏物所采取的措施。这里要再重申一遍，所有风险传播的首要目标之一，就是减轻人们的非理性恐惧，让他们以正确的视角来看待现实中真实存在的风险。要站在与社区安全休戚相关的高度上来阐述你的“紧急情况”应对预案，要着重讲述你们正在采取的减排措施、最新的排放量情况、人们如何获取相关的补充信息。

尽管媒体有时为了追求一篇更具轰动效应的报道，会故意挑起人们的恐惧和忧虑。但生活在你工厂周边的那些人，只是想获得一种安全的感觉而已。他们可能带着怀疑和忧虑，但他们肯定更愿意听到你们正在采取措施去保障他们安全这一可靠而真实的信息。当你去医院例行体检时，会为发现身体一切正常却还要支付费用感到失望吗？当然不会。你肯定愿意为一张健康证明书而付费的。

你要反复检查你们的工业卫生以及突发事件的应急预案，准备向受众陈述你们为保护工人和社区安全所采取的措施。提前准备一份简化的信息表，并以一种平实易懂的语言来介绍你的产品及那些危险的工业材料，从而与媒体和公众顺畅地沟通。说明《职业安全与卫生条例》(OSHA)和美国环保署（EPA）的标准都适用于你的工厂，解释清楚工厂周边地区所面临的辐射要低于政府制定的标准。并且进一步解释你们是如何实现低辐射的，今后将怎样继续保持下去。

讨论影响健康的因素时，你要使用非常具体的语言，比如，你可以解释数据材料，把做实验的动物置于一定数量的化学物质中时，它们会受到轻微的影响或是根本不受影响。你要解释你们正在努力使这种化学物质对工人们的辐射控制在低于标准 100 倍的水平，使其对公众的辐射控制在低于标准 1000 倍的水平。为了达到良好好的效果，你还可以使用插图、图表、幻灯片和录像带来阐述你的主要观点。实际上，图片和视频能够胜过千言万语。

风险传播，与应急突发事件一样，都是一个团队的工作。这个团队要确保包含有安全、健康、法律、环境、公关以及人事方面的专家。你需要求助于工业卫生学者、毒物学者和医生，让他们来控制你工厂的废弃物排放量，帮助你向公众详细阐述与你工厂相关的卫生安全信息。但是，无论你能提供多少有关技术方面的专业鉴定，都必须始终让这些信息与你的受众相关。在进行传播训练时，你需要知道你必须说服谁，在你与他们进行沟通之前，要清楚他们关注的问题是什么。此外，你还要记住，在阐述实质问题之前，最好总是先承认他们的情感。主动向他们说“我能够看出，你们对这件事有点恼火”，虽然不会使他们的恼火消除，但这能让你将话题集中在目前的实质问题上，并且传递出一种强烈的信息，即你正在真诚地尝试去与他们沟通，而不是给那些对科学一无所知的受众上课。

沟通，应从你的员工开始。不要以为员工和他们的家人会自动理解或相信你所说的话，你也不能命令任何人住嘴或让他们不要害怕。如果你没能在员工间建立起信用，那么，他们在面对社区的其他人时就很可能变成反面的“大使”，更加让公众担心和忧虑。而如果你让员工们一同参与到风险传播的过程中，那么他们将成为你最好的发言人。毕竟，你是想让他们每天晚上回到家里时，谈论的是安全和收益，而不是威胁和风险。

社区普查、员工问卷调查以及媒体招待会，能够帮助你判断社区中的人们对你工厂的真实感觉，帮助你了解公众关注什么。当你走进社区时，最好是与小群体进行交谈，而不要参加大规模的开放式的群体集会，因为在那些场合中你会成为不满的员工或激进组织攻击的标靶。**别忘了，要想与一群愤怒的观众进行有效的沟通几乎是不可能的**。所以，你要充分考虑到那些社区的领导人，比如，一个地方的突发事件应急委员会就是一个理想的组织，你可以先和他们进行沟通。让他们了解工厂目前的现状，知道怎样做和为什么，这对风险传播计划的全盘实施，能起到至关重要的作用。

要保持稳健，避免做出过多的承诺，也不要描绘一幅的不切实际的美好蓝图。比如，不要承诺零排放，如果你根本不可能做到的话。不要惧怕承认存在的不确定性，也不要惧怕承认你也有不知道的事情，你要做的就是向人们解释——事前告之总是好过事后改正。同时，用最简单的语言来解释有关样品、测量和数据的问题。

要与媒体合作，尽管媒体不是你的首要受众，但是他们在社区风险传播中常显得十分重要。或许媒体有时显得无知、好事甚至惹人生厌，但与他们进行合作，总比与其对抗更有助于你。尽可能去获取更多的帮助吧，毕竟风险传播不是一项轻松的工作，所以你绝不要指望靠自己独立完成。它需要人力、时间和金钱，所以，你应试着列一份名单，将你需要求助的地方政府、安全卫生官员、教授及突发事件应急专家等都添加在内。这些人可以帮助你最有效地将那些复杂的问题传播给公众。或许，这些人还愿意参与到你的传播过程中来呢。采取步步推进的方法，风险传播极其复杂，所以根本不可能在一夜之间完成。先列出一份风险传播整体规划所需步骤，然后给每一项具体计划划分责任。你需要的资料应该包括危险材料信息表、社区调查表、员工问卷调查表、风险比较、风险传播视觉教具及基本工厂数据，你还可能需要召开社区会议、地方突发事件应急委员会会议和媒体记者招待会。

最后，需要记住的是，除了我们熟悉的爆炸、火灾、泄漏和外溢这些大多数公司都会为此花费大量时间和精力来进行预防的危险外，还有其他一些风险。在互联网时代，诸如身份失窃和重要数据丢失都是有可能发生且让普通人最为关注的风险。想象一下假如自己是一家网站的经营者，此时，你要考虑这样一些问题：你网站的访问者会担心什么？你能确保他们个人信息的安全吗？你如何才能让他们理解，将一个信用卡号码填写到网址上，其实并不比在饭店中将信用卡递给服务员更危险。你怎样才能在电子商务中通过有效传播来实现风险与收益之间的内在平衡？无论在技术有多么先进，人们仍要担心所有可能的意外。而风险传播就是要使人放心，最糟糕的事情发生的概率很小，即使发生了，你也已经准备好去应对那种形势。

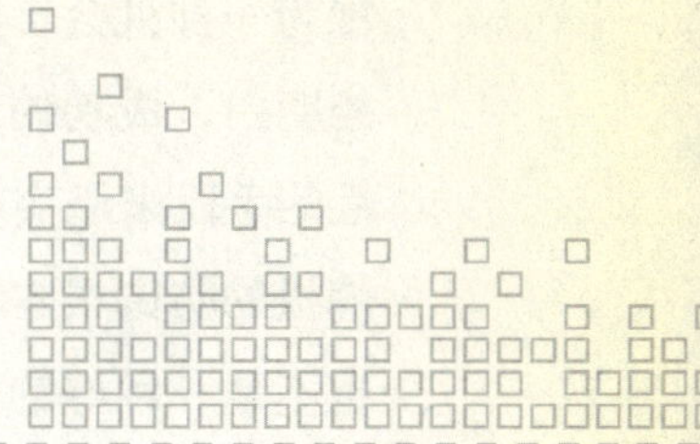

结束语

今天，对于那些将高速传播网络作为工作和娱乐的日常伙伴的人来说，也许会感到惊讶，世界上第一个数字传播设备，就是早在美国南北战争前就已经投入到商业服务中的普通电报机。电报员使用了一个多世纪的摩尔斯代码 (Morse Code)，就其实质来说，与我们今天的计算机能识别的二进制数字没什么两样。当初塞缪尔·摩尔斯（Samuel F.B. Morse）在发明电报后，拍出的那著名的第一份电报——“上帝创造了什么？”（What Hath God Wrought），在我们今天看来，他只是处理了一个数字的“带宽”。

通信技术能够在这么短的时期内获得如此迅猛的发展，但其基本原理，与早期人类在打猎中彼此之间使用的手势语和咕咕声没有多少不同。在今天的这个年代，信息传播已不再神秘——它始终是一种人们日常活动的最基本的形式。我们无论是与家人和朋友见面，还是同商业伙伴会晤；无论是通过幻灯片向小范围的群体进行演示，还是对成百上千的听众发表演说，在这些过程中，我们都需要彼此之间不断的沟通与交流。从与记者进行常规的电话联系，到面对摄像机镜头时的电视访谈，抑或是更具挑战性的危机公关形势，我们当中的许多人都有机会同媒体进行接触。

到现在为止，你应该已经很清楚了，无论是遇到什么样的情况，也不管你面临的风险有多大，成功的传播都要有赖于严谨的战略以及有效的工具和技巧。此外，即使是在最困难最危险的形势下，传播都应当被视为一种机会，同时也是一种挑战。当我们通读完本书之后，你或许已经明白，成功的传播一定是积极的和有准备的。尽管你可以用一些防御性的手段来避实就虚，应对那些尖刻的问题和负面的报道，但是，实际上，消极的防御根本称不上是传播和沟通。此外，在现实世界中，保持沉默也不是一种好的选择。所有的这些防御性技巧，没有一项能帮助你吸引人们的注意、让人们相信你所说的话、或者记住你想阐述的观点。道出真相和实情，永远比以最精妙的手法来回避问题都要有效。总之，防御性的技巧不会改变人们思考或感觉的方式，也不会帮助你改变任何人的态度和意愿。

无论哪种情况，无论什么媒体，有效的传播始终是双向的。正如我们从亚里士多德那里学到的——在有效的传播中，听和说同样重要。而你的听众所听到的和感觉到的，也要比你实际对他们所说的那些更重要。总之，有效的传播有赖于你如何激发和调动听众的情绪，他们感受到的比他们知道的要重要的多。信息传播是一种非常人性化的活动，终归到底，一切都是围绕着人的本性。

现在，你已经知道了信息传播的基本步骤：仔细审视你所处的形势以及所面临的挑战和机会；认清你的目标；反复考虑你的战略，知道你想要传播什么信息想要说些什么；理解你的受众，尊重他们的态度、情感和期待。总之，明确你想说出的重点，然后按照你的部署和安排，去使用每一项工具和技巧，以实现你的目标。

谈判从说"不"开始

"不不"为营，从优势到强势的谈判

数万实战案例颠覆你的传统思维
让你成为日进斗金的谈判高手

谈判中，对手会不择手段地迫使你做出不必要的妥协，试图笑里藏刀地"打劫"你。通过学习吉姆·坎普的《谈判从说"不"开始》，你可以勇敢说"不"，规避谈判中的所有风险与陷阱。你会明白"NO"是谈判制胜的语言杀手锏，说"不"不是谈判的终结，而是谈判的开始。

作者：吉姆·坎普
译者：任月园
广东经济出版社出版
定价：28.00

畅销书《优势谈判》、《绝对成交》作者
克林顿首席谈判顾问罗杰·道森鼎力推荐

说服你其实很简单

从NO到YES的心理营销战术

揭秘克林顿&希拉里玩转世界的说服技巧
教你神不知鬼不觉地说服他人

隐秘提问法、故事黄金法、催眠语言模式……本书中，说服大师凯文·霍根告诉你：说服不仅是一项必备的生存技能，而且是达成目标的最佳途径；说服的最高境界就是要运用"隐秘说服词汇"和"催眠语言模式"，在不知不觉中攻入他人内心，从而让对方满心欢喜地接受你的观点、意见、提议以及任何请求。

作者：凯文·霍根
詹姆斯·斯皮克曼
译者：成静
广东经济出版社出版
定价：28.00

中国十大营销专家之一孙路弘、《南方企业家》主编段传敏、世界潜能大师博恩·崔西、国际畅销书《引爆吸引力》作者乔·瓦伊塔尔 鼎力推荐

短信查询正版图书及中奖办法

A. 电话查询

1. 揭开防伪标签获取密码，用手机或座机拨打4006608315；
2. 听到语音提示后，输入标识物上的20位密码；
3. 语言提示：您所购买的产品是中资海派商务管理(深圳)有限公司出品的正版图书。

B. 手机短信查询方法(移动收费0.2元/次，联通收费0.3元/次)

1. 揭开防伪标签，露出标签下20位密码，输入标识物上的20位密码，确认发送；
2. 发送至958879(8)08，得到版权信息。

C. 互联网查询方法

1. 揭开防伪标签，露出标签下20位密码；
2. 登录www.Nb315.com；
3. 进入“查询服务”“防伪标查询”；
4. 输入20位密码，得到版权信息。

中奖者请将20位密码以及中奖人姓名、身份证号码、电话、收件人地址和邮编E-mail至szmiss@126.c m，或传真至0755-25970309。

一等奖：168.00元人民币（现金）；
二等奖：图书一册；
三等奖：本公司图书6折优惠邮购资格。
再次谢谢您惠顾本公司产品。本活动解释权归本公司所有。

读者服务信箱

<table>
<tr><td rowspan="8">优惠订购</td><td>订阅人</td><td></td><td>部门</td><td></td><td>单位名称</td><td></td></tr>
<tr><td>地址</td><td colspan="5"></td></tr>
<tr><td>电话</td><td colspan="3"></td><td>传真</td><td></td></tr>
<tr><td>电子邮箱</td><td></td><td>公司网址</td><td></td><td>邮编</td><td></td></tr>
<tr><td>订购书目</td><td colspan="5"></td></tr>
<tr><td rowspan="2">付款方式</td><td>邮局汇款</td><td colspan="4">中资海派商务管理(深圳)有限公司
中国深圳银湖路中国脑库A栋四楼　邮编：518029</td></tr>
<tr><td>银行电汇或转账</td><td colspan="4">户　名：中资海派商务管理(深圳)有限公司
开户行：招行深圳科苑支行
账　号：81 5781 4257 1000 1
交行太平洋卡户名：桂林　卡号：6014 2836 3110 4770 8</td></tr>
<tr><td>附注</td><td colspan="5">1. 请将订阅单连同汇款单影印件传真或邮寄，以凭办理。
2. 订阅单请用正楷填写清楚，以便以最快方式送达。
3. 咨询热线：0755-22274972　传　真：0755-22274972
E-mail: szmiss@126.com</td></tr>
</table>

→利用本订购单订购一律享受9折特价优惠。
→团购30本以上8.5折优惠。